国家自然科学基金项目（71662006）
广西自然科学基金项目（2019JJA180066） 资助
广西航空物流研究中心基金项目（19KFJJHKWL05）

合法性与知识管理视角下制造企业绿色创新研究：

动因、实现机制与影响效应

HEFAXING YU ZHISHI GUANLI SHIJIAO XIA ZHIZAO QIYE LÜSE CHUANGXIN YANJIU: DONGYIN、SHIXIAN JIZHI YU YINGXIANG XIAOYING

于 飞 吴红艳 著

西安交通大学出版社
XI'AN JIAOTONG UNIVERSITY PRESS
国家一级出版社
全国百佳图书出版单位

图书在版编目(CIP)数据

合法性与知识管理视角下制造企业绿色创新研究：动因、实现机制与影响效应 / 于飞，吴红艳著. — 西安：西安交通大学出版社，2022. 5
ISBN 978 - 7 - 5693 - 2054 - 1

Ⅰ. ①合…　Ⅱ. ①于…　Ⅲ. ①制造工业-企业创新-研究-中国　Ⅳ. ①F426.4

中国版本图书馆 CIP 数据核字(2021)第 183250 号

书　　名　合法性与知识管理视角下制造企业绿色创新研究：动因、实现机制与影响效应
著　　者　于　飞　吴红艳
责任编辑　祝翠华
责任校对　王建洪
封面设计　任加盟

出版发行　西安交通大学出版社
(西安市兴庆南路 1 号　邮政编码 710048)
网　　址　http://www.xjtupress.com
电　　话　(029)82668357　82667874(市场营销中心)
(029)82668315(总编办)
传　　真　(029)82668280
印　　刷　西安五星印刷有限公司

开　　本　720mm×1000mm　1/16　**印张**　11　**字数**　247 千字
版次印次　2022 年 5 月第 1 版　2022 年 5 月第 1 次印刷
书　　号　ISBN 978 - 7 - 5693 - 2054 - 1
定　　价　78.00 元

如发现印装质量问题，请与本社市场营销中心联系。
订购热线：(029)82665248　(029)82667874
投稿热线：(029)82665379　QQ：793619240
读者信箱：xj_rwjg@126.com

前　言

本书是国家自然科学基金项目“制度压力、知识密集服务嵌入与制造企业绿色创新绩效的关系研究”(71662006)的主要研究成果之一，同时得到了广西自然科学基金项目(2019JJA180066)和广西航空物流研究中心基金项目(19KFJJHKWL05)的资助。

改革开放40多年来，我国创造了经济发展史上的“中国奇迹”，我国GDP的年均增速领先于全球主要经济体，对全球经济增长的贡献高达30%左右。然而，长期以来单纯依靠生产要素的大量投入和规模扩张实现的粗放型经济增长方式，在为我国带来巨额贸易顺差的同时，也使我国背负了巨大的“生态逆差”，环境污染、气候变暖、能源紧缺等生态危机接踵而至。在此背景下，为应对制造业发展中出现的日益严重的资源环境问题，我国政府制定了《“十三五”国家科技创新规划》《中国制造2025》《“十四五”工业绿色发展规划》和《绿色制造工程实施指南(2016—2020年)》等政策文件。同时，我国发展中存在的问题也引发了国内外学者对制造企业绿色创新研究的热潮。

学者们早期的研究主要从企业伦理视角出发，探讨道德伦理与社会价值对于企业实施绿色创新的重要影响。但在操作层面，学者们在该视角下的研究还停留在概念辨析和理念传播阶段，缺乏实证分析。随后，有些学者提出了新制度主义理论，并通过大量实证研究，逐渐发现“合法性”是外部制度与组织行为与动机的内在作用机制，是解释和研究组织行为的重要理论工具。这些研究也为本书从合法性视角研究制造企业绿色创新的驱动机制奠定了坚实的理论基础。

同时，受到社会网络理论的启发，部分研究绿色创新的学者指出，与外部组织建立联结关系，形成稳定、持久的组织间网络或者创新联盟，并从中获取绿色创新所需的知识，是企业开展绿色创新的一个可靠途径。但企业究竟嵌入何种结构的组织间网络更有利于绿色创新，来自社会网络理论的研究成果为这一问题提供了理论基础却未给出确切答案。对此，战略管理领域高阶理论的注意力基础观为我们提供了启示。另外，知识管理领域的研究显示，影响联盟内知识转移和获取的一个重要因素便是企业间的知识距离。那么，究竟嵌入何种知识距离的创新联盟更有利于绿色创新，现有的研究尚未得出明确结论。并且，就制造企业本身的知识基础而言，大量研究显示专业化和多样化两种知识基础对创新的影响效应有显著差异，但究竟哪一种特征的知识基础更利于创新，也同样存在争论。从创新联盟网络中获取异质性知识之后，制造企业还需要对这些来自不同技术领域的知识进行吸收和整合。学术界通常用“知识耦合”来描述上述知识活动，并认为知识耦合是企业实现创新，特别是在一个较新领域实现创新的重要环节和过程。因此，在企业层面上如何有效地进行知识耦合就显得至关重要。

此外，制造企业绿色创新会产生何种影响效果？尽管学者们已经从资源基础观角度，试图证明提高经济绩效是企业“自觉主动”实施绿色创新的重要内在动因，但到目前为止仍未取得一致结论。在这样的情况下，利益相关者理论的引入正好为我们在该问题的研究上提供了新思路。利益相关者理论认为，企业的生存和发展与利益相关者密切相关，获得利益相关者的支持有助于企业构筑竞争优势、获取外部合法性。因此，根据这个思路，除了财务绩效之外，改善与利益相关者的关系质量从而获得利益相关者的支持是否也是企业实施绿色创新的另一个重要的驱动力量？这个问题仍是未被揭开的“黑箱”。

因此，针对目前研究现状，我们整合新制度主义理论、社会网络理论、知识管理理论与利益相关者理论，深入研究制造企业实施绿色创新的外部制度因素，所嵌入的创新联盟情况，企业内的知识耦合和高管响应过程，以及对利益相关者的影响后果。我们经过三年多的努力，已基本实现了预期的研究目标，主要成果业已形成。为了能进一步推广并与同行们分享该研究成果，以便聆听读者、专家的指导意见和对下一步研究的真知灼见，我们现将该研究成果的部分内容正式出版。

本书作为课题的主要研究成果之一，除了凝结着两位作者的心血外，也饱含着课题组其他成员的汗水，本书的出版也有他们的一份贡献，在此向他们表示衷心的感谢。此外，在本课题的研究中，我们查阅了大量文献，也引用了不少资料，是在前人的研究基础上和许多专家学者的帮助下完成研究成果的，在此谨向他们表示诚挚的谢意。由于本书引文和参考文献较多，在标注时难免疏漏，在此对在标注时被疏漏的引文或参考文献的作者深表歉意。

人类对社会现象和自然现象的探索是永无止境的，绿色创新作为一种企业活动和经济现象，人们对它的探索也是永无止境的。如果本书的出版对促进绿色创新领域的研究有所裨益，那也只是抛砖引玉而已。衷心期盼有关专家、同行及广大读者对本书给予批评、指正！

于　飞

2021 年 8 月于桂林电子科技大学

目　录

第一章　绪　论

第一节　研究背景

一、现实背景

制造业作为国民经济支柱产业，在我国经济发展过程中起到了举足轻重的作用。在市场机制的引导下，制造企业的积极性和主动性被激发，为社会创造了大量财富，成为推动我国经济发展的主要市场力量。然而，由于我国的法制建设滞后于经济发展，商业秩序尚未健全，各类监督机构和机制也存在缺位，致使制造企业在追逐利润的同时，忽略了应该承担的自然环境保护责任，产生了大量环境污染问题；同时，我国制造企业技术水平与欧美发达国家还存在着不小的差距，使得大部分制造企业倾向于以资源消耗和环境破坏为代价来换取高增长，长期处于高消耗、高污染、低产出、低效率的底端制造轨道上。2018 年在第五届中国生态年会上发布的《中国生态环境报告》显示，我国制造业年均能源消耗水平占总消耗的 56%以上，是美国的 2.8 倍、日本的 1.5 倍，并且呈现逐年递增态势。此外，我国制造业单位产值的能耗效率也远远高于发达国家，一般工业化国家单位产值的能耗效率只有 30%左右，我国高达 40%。在排污量上，我国二氧化硫等的排放强度是日本、德国等发达国家的几十倍，七大水系中水质受到污染的河段超过一半。这些资源与环境问题无一不在一步步警示着我国经济实施绿色发展的重要性和紧迫性。因此，企业的众多利益相关者，如政府、社区、消费者、非政府组织等对于企业的要求不仅仅是创造利润，增加股东投资回报，更希望企业积极承担社会责任，实现环境保护和绿色发展。

在此背景下，为应对制造业发展中产生的日益严重的资源环境问题，我国政府制定了《"十三五"国家科技创新规划》《中国制造 2025》《"十四五"工业绿色发展规划》《绿色制造工程实施指南（2016—2020 年）》，将"创新驱动""绿色发展"定为基本方针，要求"坚持把创新摆在制造业发展全局的核心位置，走创新驱动的发展道路"，"坚持把可持续发展作为建设制造强国的重要着力点，构建绿色制造体系……

开展绿色评价”。绿色创新作为“创新驱动”和“绿色发展”的结合点,在我国制造业发展中的作用比过去任何时候都显得重要,促进制造企业进行绿色创新、提升绿色创新绩效已成为制造业解决环境问题、实现绿色发展的关键。

二、理论背景

(一)制度合法性理论是制造企业实施绿色创新的“规范性”驱动因素

目前,制度理论已在管理学特别是组织行为研究领域得到了广泛应用。新制度主义理论的引入改变了以往对组织行为“原子化”的分析模式,将学者们的研究视角从以往的组织内部和产业结构转移到更为宏观的外部制度环境(Meyer et al.,1977;Oliver,1991)。同时,制度理论在战略管理领域也逐步受到重视和关注(Peng et al.,2009;Amburgey et al.,1996),一些学者将制度理论、竞争优势理论和产业组织理论归纳为战略管理领域的三大核心理论(Peng et al.,2010)。

制度理论应用的领域十分广泛,涉及经济学、政治学等多个学科。每个领域在借助制度理论研究相应问题时,所使用的分析方式和概念都存在较大差异(吕源,2009)。本书所运用的制度分析范式主要来自约翰·迈耶(John Meyer)、朱克尔(Zuker)等人提出的组织社会学的新制度主义理论。该学派认为,组织植根于制度环境中,制度对于组织而言不只是背景那么简单(Scott,1995),组织的结构和行为都会受其深刻的影响,并体现了比组织更为宏观的社会信念、规制体系和文化脚本(Meyer et al.,1983)。该学派主张不能采用“原子化”的方法来分析单个组织的行为和动机,应该将其放在特定的情景下进行考察,并引入“场域(field)”的概念,以场域为分析单位,强调合法性(legitimacy)是制度当中的规范、认知模仿和强制性等因素影响组织行为(如企业绿色创新)的核心机制,认为获取社会、政治、法律和经济合法性而产生与制度同形(isomorphism,也有学者翻译成“趋同”“同构”)的需求是组织行为的主要动机。在战略管理研究领域,基于制度理论的分析和探索虽然已经获得学者们的认可和重视(Peng et al.,1996),但仍然只是处于起步阶段,还有广阔的发展空间供学者们去探索(吕源,2009)。

(二)知识管理理论为制造企业提升绿色创新效果提供了理论依据

从技术与知识层面上看,学者们普遍认为绿色创新本质上是一项复杂的创新活动,涉及绿色产品设计、制造工艺、循环生产、排污处理和节能降耗等不同技术领域的知识在组织内转移、整合与创造。知识管理理论认为,企业拥有的知识基础是其进行创新的重要资源,而企业的创新过程本质上是企业从外部搜寻并吸收知识,在企业内部进行转化和重组，最终输出产品和服务的过程。在此过程中，企业的知识基础通过外部知识搜寻和吸收以及内部知识转化和重组两个过程对企业创新产生影响。因此，相关研究认为企业绿色创新的技术选择和方向依赖于企业原有知识基础的积累。另外，也有研究表明，仅依靠制造企业以往的技术经验以及在单一技术领域内的知识来开展绿色创新难以取得成效。因此，一些学者主张跨越数个不同的技术领域去搜索所需的知识，对不同技术领域间各类知识元素进行整合与重构以改变原有知识基础，是开展绿色创新更有效的方式。

（三）利益相关者理论的引入为制造企业主动实施绿色创新提供了新动力

在新古典经济学和古典的企业理论观点看来，股东是企业唯一需要负责的对象，企业的主要职能就是赚取利润，提高股东的投资回报。如果企业在进行法律规定的正常经营活动之外，还要对股东之外的其他主体承担社会责任，那将是“不务正业”的行为，是对股东权益的损害。以往研究绿色创新的文献认为，制造企业绿色创新难以在产品和服务市场上给企业带来立竿见影的经济效益，因而无法从企业经济绩效层面来劝说企业开展绿色创新。随着经济的发展、社会的进步，不断有学者对这种观点提出质疑，特别是在 Freeman 提出利益相关者理论后，其所倡导的思想、观点和理念逐渐获得了包括学术界、企业界在内的社会各界的广泛认同与支持。与古典的企业理论不同，利益相关者理论主张制造企业作为社会的一类微观主体，其生存和发展需要众多利益相关者的支持，包括股东、员工、消费者、行业协会、商业伙伴和各类非政府组织等。制造企业需要权衡保障这些利益相关者的总体权益，而并非只关注某类利益相关者。因此，利益相关者理论对股东至上主义的观点进行了修正和改良，认为企业在追求利润的同时，也要满足各利益相关者的要求，如改善员工福利、保护消费者权益、参与公益事业等，只有这样，企业才能更好发展。

三、问题的提出

正如上述研究背景所分析的，随着经济的发展和社会的进步，制造企业的绿色环保行为越来越多地被社会、政府、社区、消费者等利益相关者所重视。但在该领域，仍然有许多问题有待学术界和企业界去解决。

(1)制造企业进行绿色创新的外部动因是什么？哪些外部因素会对企业实施绿色创新起到关键作用？如何推动和激励企业实施绿色创新？这些已经成为包括政府、非营利组织、社会公众等利益相关者极为关注的议题。与企业一般的创新行为不同，制造企业进行绿色创新所产生的成本可能要高于其带来的经济效益，这导致企业在一定程度上缺乏实施绿色创新的经济激励(Arnold et al.,2012)。因此在这个问题上,以往学术界主要从企业伦理视角出发,探讨道德伦理与社会价值对于企业实施绿色创新的重要影响,如社会契约理论认为,创造利润只是企业的经济职能,重视伦理道德并实施绿色环保行为,从而创造社会价值对于企业而言更为重要(Steiner,1997)。但在操作层面,学者们在该视角下的研究还停留在概念辨析和理念传播阶段,缺乏实证分析,因此迫切需要研究者从崭新的视角对制造企业实施绿色创新的驱动因素进行思考。而 Meyer、DiMaggio、Scott 和 Zucker 等学者提出的新制度主义理论,通过大量实证研究逐渐厘清了外部制度合法性与组织行为和动机的内在作用机制为“合法性机制”,其成为解释和研究组织行为的重要理论工具,同时也为本书从合法性视角研究制造企业绿色创新的驱动机制奠定了坚实的理论基础。

(2)以往驱动因素视角下绿色创新的研究侧重于“驱动因素-结果”的分析,忽略了关键中介过程的研究。如前文所述,从创新联盟网络中获取异质性知识之后,制造企业还需要对这些来自不同技术领域的知识进行吸收和整合。学术界通常用“知识耦合”来描述上述知识活动,并认为知识耦合是企业实现创新,特别是在一个较新领域实现创新的重要环节和过程(于飞 等,2019)。因而,在企业层面上如何有效地进行知识耦合就显得至关重要。那么,制造企业的知识耦合是否是制度合法性与绿色创新绩效之间的重要中介变量?制度合法性下制造企业实施知识耦合的动因是什么?制度合法性对制造企业知识耦合有何影响?

(3)哪一种方式是制造企业进行绿色创新更好的方式?受到社会网络理论的启发,部分研究绿色创新的学者指出,与外部组织建立联结关系,形成稳定、持久的组织间网络或者创新联盟,并从中获取绿色创新所需的知识是企业开展绿色创新的一个可靠途径。当利用社会网络理论来研究企业绿色创新时,需要解决的一个关键问题便是企业究竟嵌入何种结构的组织间网络更有利于绿色创新,来自社会网络理论的研究成果为这一问题提供了理论基础但却未给出确切答案。对此,来自战略管理领域的高阶理论(upper echelon)的注意力基础观(attention-based view)为我们提供了启示。该理论认为,想要更好地利用这些来自外部网络的知识来促进绿色创新,还需要考虑企业相关人员在认知层面上如何选择合适的信息处理策略,来控制、加工和处理这些来自外部网络的知识和信息。因此,在探讨组织间网络对绿色创新的影响机制时,企业高管的注意力可能是一个关键因素。注意力基础观的发展和在战略管理领域的应用正好为研究该问题提供了理论基础(Ocasio,1997,2011)。

另外,来自知识管理领域的研究显示,影响联盟内知识转移和获取的一个重要因素便是企业间的知识距离(knowledge distance)。那么,究竟嵌入何种知识距离的创新联盟更有利于绿色创新？现有的研究也尚未得出明确结论。并且，就制造企业本身的知识基础而言，大量研究显示专业化和多样化两种知识基础对创新的影响效应有显著差异，但究竟哪一种特征的知识基础更利于创新也同样存在争论。因此，不论是企业自身的知识基础，还是企业所处联盟的知识距离，如果仅仅孤立单一地考虑上述因素中的任何一种，其对于绿色创新的确切影响效果都难以从目前的文献中找到答案。因此，当从知识管理视角来研究企业绿色创新时，综合考虑知识基础和知识距离的组合匹配对企业绿色创新的差异化影响，有助于我们深入理解知识和联盟网络在企业绿色创新中的作用机制。

(4)制造企业的绿色创新会产生什么样的影响效果，除了满足企业外部社会伦理要求和实现社会价值外，是否也会提升企业自身的竞争优势？对于这个问题，尽管学者们已经从资源基础观角度，对“企业绿色创新与经济绩效的关系”进行了大量研究，试图证明提高经济绩效是企业“自觉主动”实施绿色创新的重要内在动因，但到目前为止仍未取得一致结论。在这样的情况下，利益相关者理论的引入正好为我们在该问题的研究上提供了新思路。利益相关者理论认为，企业的生存和发展与利益相关者密切相关，获得利益相关者的支持有助于企业构筑竞争优势、获取外部合法性。因此，根据这个思路，除了财务绩效之外，改善与利益相关者关系质量从而获得利益相关者的支持，是否也是企业实施绿色创新的另一个重要的驱动力量？这个问题仍是未被揭开的“黑箱”。

因此，针对目前研究现状，本书将整合新制度主义理论、社会网络理论、知识管理理论，深入研究制造企业实施绿色创新的外部制度因素、所嵌入的创新联盟情况、企业内的知识耦合和高管响应过程，以及对利益相关者的影响后果。具体而言，本书将围绕以下几个问题深入展开：

(1)在我国，制造企业实施绿色创新是否会受到制度合法性的影响？外部制度合法性中哪些具体的因素会对企业实施绿色创新有显著的影响？本书在新制度主义理论对于组织行为研究的基础上，探讨制度环境中规制、规范和认知三个维度的合法性压力对企业绿色创新的作用机理，并为企业实施绿色创新的外部动因提出新的思路。

(2)从知识视角上，在受到外部制度合法性时，企业如何获取、整合与创造绿色创新所需的各种知识？在此过程中，制造企业所嵌入创新联盟的网络密度和知识距离、企业高层管理者的注意力、企业的知识耦合活动以及企业本身的知识基础分别在其中起到了什么作用？这些因素对制造企业绿色创新的作用机理是什么？本书将根据战略管理“环境-决策-行为-结果”的经典分析框架，并基于企业战略管理和高阶管理理论的注意力基础观，厘清制造企业所嵌入创新联盟的网络密度与企业高管注意力配置的交互作用;联盟的知识距离与企业知识基础的交互作用对企业绿色创新的影响机理;在外部制度合法性作用下,制造企业如何进行知识耦合,以及知识耦合对企业绿色创新的影响,从而让我们对制造企业绿色创新的战略决策过程有更为清晰的认识。

(3)制造企业绿色创新实践是否会获得企业利益相关者的支持?不同利益相关者的支持是否存在显著差异?本书将从利益相关者的角度来探索制造企业绿色创新的后果,即分析制造企业绿色创新对获得各利益相关者支持的影响机制,以验证获得利益相关者的支持是否是制造企业实施绿色创新的另一个重要动机。

第二节　研究内容与研究方法

一、主要研究内容和结构安排

本书将主要运用组织社会学新制度主义理论、社会网络理论、知识管理理论和利益相关者理论等,研究制造企业实施绿色创新的制度合法性因素(前因)、知识视角下企业内部的响应和决策过程(中间过程),以及对利益相关者支持的影响(后果),同时深入发掘制度合法性、制造企业知识管理过程、高管注意力因素与企业绿色创新之间的关系,以及对利益相关者支持的影响机理。

本书大致研究过程如下:在系统梳理前人研究成果和文献综述的基础上,按照战略管理"环境-决策-行为-结果"的经典分析框架,通过基于扎根理论的探索性多案例分析,初步构建"制度合法性-知识耦合-制造企业绿色创新""网络密度与高管注意力配置的交互作用-制造企业绿色创新""知识距离与知识基础的交互作用-制造企业绿色创新""制造企业绿色创新-利益相关者支持"等理论模型,并利用大样本的实证研究进行检验,从而在"制造企业绿色创新与企业财务绩效"的争论无法达成共识的背景下,综合"规范导向"和"工具导向"观点,提出基于制度合法性,以及基于获得利益相关者支持的制造企业实施绿色创新的双驱动因素模型。本书主要内容和章节安排如下:

第一章　绪论。本章主要介绍本书的研究背景、要解决的关键问题、采用的技术路线、研究的创新之处等。

第二章　理论基础和文献综述。本研究涉及绿色创新、新制度主义理论、注意力基础观、知识管理和利益相关者等多个领域,因此本章分别对这些核心概念的相关研究进行了梳理。通过文献回顾,指出以往研究存在的不足,并为本研究找到切入点。

第三章　制造企业绿色创新的多案例研究：基于扎根理论。本章将选取六家上市制造企业作为研究案例，利用扎根理论的编码方式对制造企业内的文本资料进行分析，研究制度合法性、企业高层管理团队的注意力、知识管理、制造企业绿色创新及利益相关者支持等之间的内在联系。通过定性数据的归纳分析，提出研究命题，以初步论证本研究构思的合理性。

第四章　制度合法性视角下制造企业绿色创新的动因。本章基于组织社会学新制度主义理论，按照 Scott(1995)的理论框架，把制度环境中的合法性来源划分为规制合法性、规范合法性和认知合法性三类，分析这三种维度的制度合法性对制造企业绿色创新的影响机理。

第五章　制造企业绿色创新的实现机制：一个多理论整合视角。首先，探讨知识耦合对制造企业绿色创新的影响机制，以及制造企业冗余资源在其中的调节作用。其次，探讨制造企业所嵌入创新联盟的网络密度与高管注意力配置的组合匹配对制造企业绿色创新的影响机制，以及制度合法性和知识基础的调节作用。最后，探讨制造企业知识基础的多样性和专业性、制造企业与联盟企业的知识距离对企业绿色创新的影响机制，以及联盟网络密度在其中的调节作用。

第六章　制造企业绿色创新的影响效应：利益相关者的支持。本书根据相关文献的研究，将企业的利益相关者划分为三类：内部利益相关者、外部利益相关者和公众利益相关者。本章主要探讨制造企业绿色创新对其获得利益相关者支持的影响机制。

第七章　结论、对策建议与展望。本章进一步提炼研究结果所蕴含的学术意义和实践价值，分别针对政府和企业提出对策建议，并指出今后研究工作进一步探讨的方向。

二、研究方法

本书沿着“问题的提出及研究背景-文献回顾-案例研究-理论分析-实证研究-结果分析与评价”的主线完成整个研究，主要采用以下几种研究方法：

(1)运用文献梳理、企业调查、企业访谈、基于扎根理论的案例分析，完善研究概念、理论模型和分析框架。为了能够更加深入地研究制度合法性对制造企业绿色创新的影响机理，企业对这些压力的响应和决策过程，以及企业绿色创新对利益相关者关系的影响，首先进行企业访谈和调查，了解并分析外部制度环境中压力源的维度、企业内部高管注意力配置情况、制造企业绿色创新效果，以及企业有哪些主要的利益相关者；其次进一步梳理管理学、社会心理学、组织行为学等各领域的相关文献，并结合理论分析，完善研究变量、研究模型与研究框架。

（2）首先，通过企业访谈、预调查和因子分析方法，总结出模型中各概念的测量量表，并设计和制作问卷。由于本书的三项研究内容都必须进行实证研究，因而对实证研究模型中每个概念的测量是本研究理论框架检验的前提保证。具体研究步骤是：第一，通过多案例研究和理论分析总结出各概念所需要关注的一些特性和维度；第二，结合已有相关文献中的测量量表，整合后形成新的测量量表；第三，通过预调查方式获取初步的探索性研究数据；第四，通过探索性因子分析法和量表信度检验等分析方法，初步完善概念的测量量表；第五，对初步完善的概念量表，通过Amos 软件进行验证性因子分析，以保证量表的结构效度；第六，设计和制作问卷。

其次，收集研究所需的三类数据。第一类为企业合作与联盟关系的数据，数据来源于 SDC Platinum 数据库下的 Joint Ventures & Alliances 子数据库，从中提取联盟国为中国，且在 A 股上市的制造业企业的合作数据，同时利用 UCINET 软件分析这些企业间的合作关系，形成合作关系网络，并计算出相应的社会网络指标数据。第二类为专利数据，数据通过国家知识产权局专利数据库收集。第三类为企业基本信息，如企业规模、利润和年龄等，数据通过国泰安数据库、万得数据库和公司年报等进行收集。

（3）通过基于数理统计的实证分析，探索制度合法性对制造企业绿色创新的影响，制造企业所嵌入的创新联盟的网络结构与企业高管注意力配置的交互作用、联盟企业间的知识距离与企业知识基础的交互作用对企业绿色创新的影响机理，以及在制度合法性作用下，制造企业高管是如何进行知识耦合的和知识耦合对企业绿色创新的影响。本部分是本书要解决的一个关键性问题。具体研究步骤是：第一，通过正式调查方式获取数据，把数据录入研究数据库；第二，对数据进行编码和整理；第三，用 SPSS 和 STATA 软件检验各个自变量、中介变量对因变量的影响；第四，检验领导风格在自变量和中介变量间的调节作用；第五，对检验后的理论模型进行解释和探究，对潜在的问题通过后续补充研究进行完善。

（4）在大样本问卷调查的基础上运用多元回归方程，探索制造企业绿色创新对利益相关者支持的影响机制。具体研究步骤是：首先，在前一阶段研究的基础上利用相关分析、多元回归分析，对获取数据进行分析，检验所提出的理论假设；其次，对检验结果进行解释和探究，对潜在的问题通过后续补充研究进行完善。

本书的技术路线如图 1－1 所示。

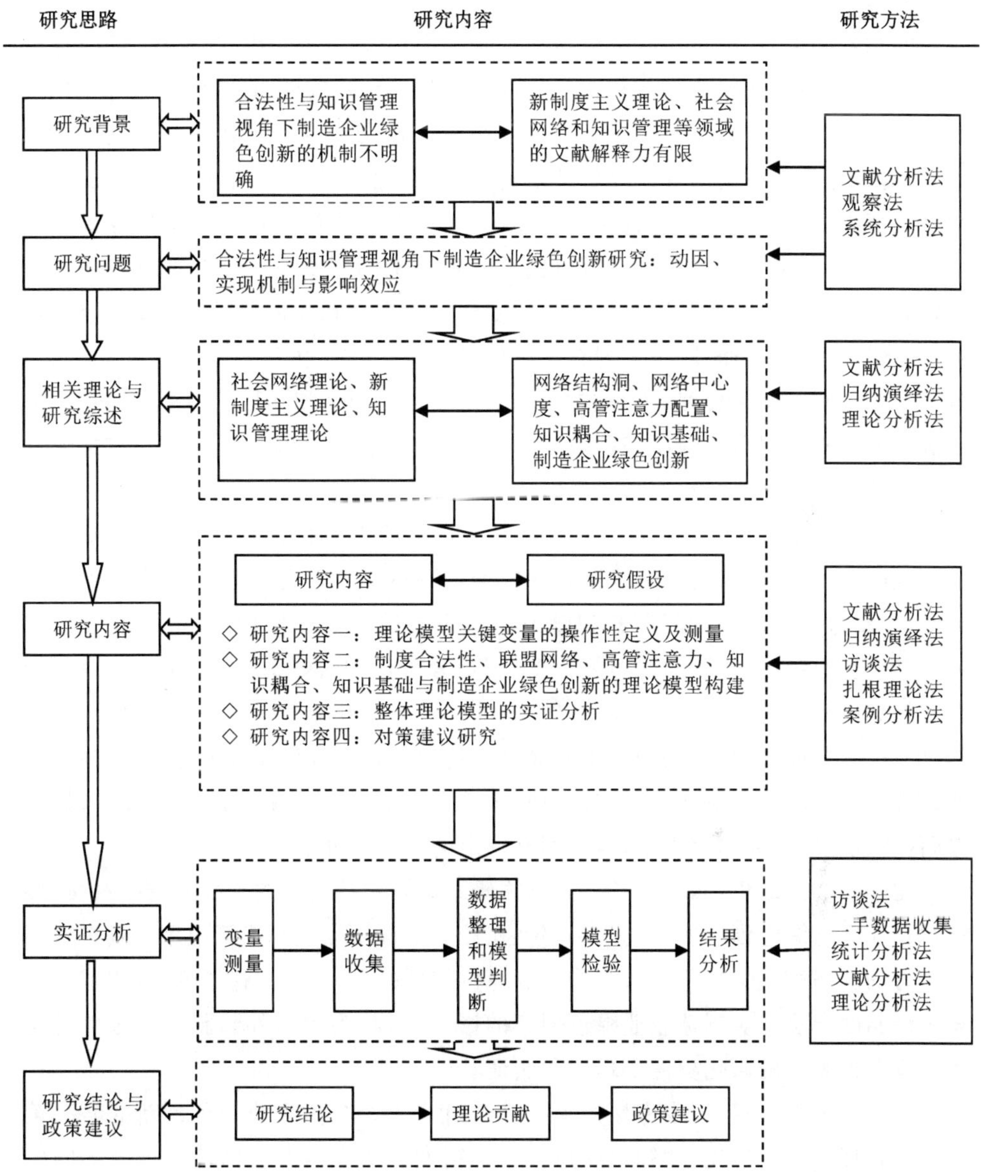

图 1－1　技术路线图

三、研究创新点

（1）创新 1：本书在研究视角上具有一定的创新性。在制造企业绿色创新研究领域，对于制造企业实施绿色创新的动机问题，以往学者们主要是基于竞争优势的研究范式，从企业内部“原子化”的视角，通过探讨制造企业绿色创新与经济绩效的关系来解释该问题。本书将研究视角从企业内部扩展到外部制度环境，以及制造企业的利益相关者，整合了绿色创新动机研究中“工具导向”和“规范导向”两种观点，从而在制造企业绿色创新与企业经济绩效关系无一致性结论，以及道德伦理视角对该问题解释力不足的情况下，提出了制造企业实施绿色创新的两种全新驱动因素，为绿色创新的动因理论提供了新的解释，具有一定的开拓性。同时，驱动因素只是解决了制造企业绿色创新的意愿，而如何在企业绿色创新过程中发挥知识要素的作用，帮助制造企业提高绿色创新的效果也同样重要。因此本书将在一般创新研究中被广泛运用且极具解释力的社会网络理论和知识管理理论引入企业绿色创新研究中，一方面，跳出了现有绿色创新研究中过于关注驱动因素的局限，拓展了绿色创新的研究思路；另一方面，也推动了社会网络和知识管理等成熟理论成果从一般创新向绿色创新研究领域繁衍，为制造企业绿色创新研究加入与主流理论的对话进而拓展研究空间做了努力。

(2)创新 2：本书在研究内容上具有一定的创新性。本书系统构建并实证检验了“制度合法性-知识耦合-制造企业绿色创新”“网络密度与高管注意力配置的交互作用-制造企业绿色创新”“知识距离与知识基础的交互作用-制造企业绿色创新”“制造企业绿色创新-利益相关者支持”等分析模型，深入探讨企业实施绿色创新的外部因素(前因)、企业内部因素(中间过程)，以及对利益相关者关系的影响(后果)。一方面，以往有关制造企业绿色创新的研究通常只涉及上述三项内容(前因、中间决策过程、影响后果)的某一项，全面分析整个逻辑链条的文献较少；另一方面，在这三项研究内容当中，本书都有一定的创新之处。

在企业实施绿色创新的前因上，以往研究主要从社会契约论出发，探讨伦理要求对企业实施绿色创新的影响。本书把在社会学领域中得到广泛应用且具有较强解释力的新制度主义理论引入制造企业绿色创新的研究中，探讨了规制、规范和认知三种制度合法性对制造企业绿色创新的影响机理，为揭示外部制度合法性对制造企业绿色创新的影响奠定了理论和实证基础。

在企业内部因素上，本书探讨了一直被研究者忽视的企业绿色创新战略决策和知识管理过程。首先，从知识视角厘清了制度合法性与企业绿色创新关系间的传导机制，弥补了目前制度理论视角下绿色创新研究中对于中介变量关注不足的缺憾，为破解绿色创新过程中的“黑箱”提供了理论依据。其次，从组织内外两个层次揭示了密度网络与高管注意力配置的交互组合对企业绿色创新的影响机制。一方面，有助于我们更好地从高管视角理解企业绿色创新发生的机制，丰富绿色创新领域的相关研究。目前只有少数文献探讨了高管价值观、承诺、领导力、环保意识等对企业绿色创新的作用，本研究从注意力层面进一步揭示了高管在企业绿色创新过程中扮演的重要角色，弥补了学者们所指出的目前绿色创新研究中对于企业高管个体特别是高管认知层面因素关注不足的缺憾，对现有个体视角的绿色创新研究做出了增量贡献。另一方面，以绿色创新为研究载体，通过引入高管注意力，为现有社会网络理论研究中关于网络密度与创新关系的学术争论提供了新的研究思路。再次，通过采用权变组合策略形成了支撑绿色创新的四种知识基础和联盟网络的组合配置，识别出了“专业化知识基础和高知识距离联盟”“多样化知识基础和低知识距离联盟”这两种最优配置。这一发现跳出了现有知识管理理论研究中知识基础的多样化和专业化、知识距离大小与创新关系的研究结论无法统一的争论（Namibians，2013；Xu，2015），以悖论整合的权变思想为相关研究提供了新思路。同时，研究结论也从知识视角拓展了企业绿色创新的内部知识支撑条件及其外部联盟网络的选择偏好，为破解企业绿色创新过程中的“黑箱”提供了重要的理论依据。

在影响后果上，本书把探讨制造企业绿色创新如何获得利益相关者支持作为一项重要研究内容。对该内容的研究，可以为企业“自愿主动”实施绿色创新提供新的动力和证据。同时，作为新制度主义理论中的核心概念，合法性被认为是连接组织行为和场域中利益相关者的桥梁。但是在合法性构建机制上，主流文献主要利用“嵌入观”来阐述企业合法性的构建机制，认为企业在面对制度合法性时，将采取“同构”策略来获取合法性，强调的是企业被动地接受制度环境的同构。本书利用新制度主义理论中合法性的“能动观”，结合战略视角，发现合法性不仅是一种被动的压力，也可以成为企业一种重要的战略资源，企业可以通过主动的绿色创新实践建立合法性，影响利益相关者的认知和态度，从而拓展了新制度主义理论和利益相关者理论关于合法性的研究视角。

(3)创新 3：本书在研究方法上具有一定的创新性。以往涉及企业绿色创新的研究，多侧重于内涵、要素、案例分析，停留在从问题现象到政策建议的经验分析层面，缺乏规范定量的实证分析。本书通过基于扎根理论的多案例分析，以及大样本的问卷调研，采用自我报告数据和非自我报告数据相结合的数据收集方式，避免了研究结论受“共同方法变异(common method variance)”的影响，并运用多元回归等数理统计方法探讨了制造企业绿色创新对利益相关者关系质量的影响机制，保证了研究结论的可靠性。

第二章　理论基础和文献综述

第一节　理论基础

一、新制度主义理论

经济社会学的制度主义可分为组织社会学的新制度主义和历史制度主义，本书重点关注的是组织社会学的新制度主义理论的主要观点。

（一）制度合法性的界定

参照组织社会学的新制度主义理论，本研究对制度环境的定义为：能够对组织结构和行为产生形塑作用的外部制度性因素，包括具有强制性质的因素，如法律法规、行政命令等；也包括被社会默认的、被认为理所当然的规范性因素，如行为准则、共享文化、价值观等；还包括由组织对外界环境的理解和认知所导致的模仿压力（Noshua et al.，2009；Qian et al.，2008）。上述这些外部制度性因素对应于Scott（1995）所提出的制度环境三维模型，即制度环境中由不同的逻辑和合法性机制产生三类压力：规制合法性、规范合法性和认知合法性。本研究在下文的理论假设和实证分析中将参照Scott（1995）划分的这三类制度合法性。

（二）新制度主义理论回顾及主要观点

组织社会学的新制度主义（以下简称新制度主义理论）诞生于20世纪70年代，其核心思想要素来自约翰·迈耶1977年发表的两篇论文，以及其后来与斯科特的合作研究，他们共同提出了正式组织的制度性原理。对于组织结构和组织行为的理解，新制度主义理论与当时甚为流行的新古典经济学在基本假设上有较大差异：新制度主义理论认为理性假设过于简单，同时也不切实际，难以对个人或组织行为作出令人信服的解释。因为在很多情况下，个人或组织的行为并不是完全基于理性分析而形成的，他们的行为更容易受到外界制度要素和对自我身份认知的影响（Meyer et al.，1983）。即使人或组织作出了理性行为，这种行为也不是独立于外部环境而自发形成的，其内在逻辑还是源于制度。制度所包含的合法性逻辑、符号和规则系统限制了理性行为的选项集合(Meyer et al.,1977)，因此在这个意义上，新制度主义理论是在批判和反思新古典经济学的过程中不断演化的。在方法论述上，新制度主义理论主张不能采用“原子化”的方法来分析个人或组织的行为和动机，应该将其放在特定的情景下进行考察。个人和组织在行动时会倾向于寻找一个标准坐标系，也即模仿环境中的普遍行动标准，或相似环境中的类似行为。新制度主义理论不以个人和组织为分析单位，而是以场域作为分析单位(DiMaggio et al.,1991)。它的一个观点便是，整体意义上的制度环境并非其内部要素之间的简单组合，内部要素会受到来自整体层面的作用，如制度环境会以各种方式影响到个人或组织行为。这个影响过程被称为制度化：首先，随着同一场域内各类组织或个体间信息交流频率的提高，它们之间相互作用的深度和广度也在逐渐加强；其次，在这个过程中，场域内个体和组织的地位、身份和分工协作关系开始建立，并最终导致一些由个体或组织结成的小集团或联盟在场域中形成。因此，场域内部各组织或个体相互作用后形成的规则系统成为影响个体或组织的关键要素，而并非古典经济学所强调的个体理性。

新制度主义理论对于制度的理解是从微观个体的角度切入的，它认为制度是由一系列秩序、行动脚本、共享意义和符号组成的具有约束激励功能的规则系统，该系统会制约和阻止那些为获取利益最大化而违反规则系统的行动者，同时又奖励和维护那些按照规则系统行事的行动者(Zucker,1987)。正如前文所论述的，制度是场域内各成员之间相互作用而形成的产物，而不是独立于场域外部世界的先验性存在。作为集体内的一个组成部分，个体行为者必须遵循关于整个集体的共享意义(Douglas,1986)。因此，在新制度主义理论中，制度被认为是一个独立的变量，需要从认知和文化方面解释，具有超个体分析单元的特征。

新制度主义对于组织的研究是在质疑以赛尔兹尼克(Selznic)为代表的传统制度主义上发展的。最初，Silverman(1971)扩展了 Selznick 关于制度与组织的分析框架，提出了共享意义的概念。他指出，共享意义内化于制度环境中的客观存在，组织的意义产生于制度环境。在 Silverman 研究的基础上，Meyer 和 Rowan 于1977 年提出了新制度理论分析框架，并将其引入组织理论的研究。他们认为应该从组织环境的角度来考虑，工业社会很多正式结构显著地体现了制度环境的作用，而不是内部运作活动的需要；通常是环境的制度趋同而不是效率机制对组织的结构和实践产生了影响。DiMaggio 等(1983)关于制度趋同和集体理性的研究对新制度主义学派做了重要贡献。他们探讨了组织同构的三种扩散机制：第一种是强制性同构机制，如法律、法规；第二种是模仿机制；第三种是社会规范机制。该分析框架成了后续研究的基础范式。新制度主义理论早期主要研究非营利机构的同形现象，如Zucker(1983)研究了美国非营利机构组织结构的制度变迁过程，他发现最初组织结构的设计是为了满足自身技术性活动的需求，但随着时间的推移，会逐渐把具有外部合法性的要素整合到组织结构中。之后，新制度主义理论便逐步转向对营利机构的研究。Swidler(1986)认为，以企业为代表的营利机构在进行诸如追求利润的经济行为时，并不是像新古典经济学描述的那样依据理性假设思考，而是更多地从制度环境中谋求支持。

Scott(1987)对新制度主义做出了另一项重要贡献，他对技术环境和制度环境进行了划分。技术环境主要是指与产品生产、销售相关的规范和控制系统，通过遵循这些系统，组织获得经济回报；制度环境定义了组织合法性要素，通过遵循这些要素，组织获得了合法性地位。在此基础上，Scott(2001)整合了新制度主义理论的重要成果，开发了制度环境三维模型，认为制度包括了规制、规范和文化认知三个层面，这三个层面在逻辑基础、符号体系、作用机制等方面相互作用并可相互转换。

因此，新制度主义理论的演化路径始于对社会构建、国家作用和市场治理等宏观层面的研究，随后转向制度与微观主体的分析，如制度环境对于组织结构和行为的影响。然而，不管是宏观领域还是微观层次的分析，都建立在微观个体认知的基础之上，将其作为分析工具研究宏观领域中制度化的同构现象。

(三)制度合法性对组织行为的作用机制

组织社会学的新制度主义观点认为，组织是由各种不同的制度要素、一些近似规制(rule-like)、某些规范以及其他源于组织世界中专业人员和规制机构设定的标准因素构成，这些制度层面之间可能存在彼此配合、嵌套、叠加的情况(Siah, 2008)。因此，组织的结构和行为不只是自身发展的需要，也受到外部环境因素的影响和形塑，这些环境因素包括文化、价值观、公众意见、法律、准则等。其核心思想为：组织植根于社会环境中，组织结构和行为通常是反映了或隐映那些在比组织更大的社会中存在的规制、信念和惯例。

这种独特的分析视角同时指出，企业的结构和行为实际上是在高度制度化的环境中产生的，生产产品和提供服务都被认为是理所当然的(take it for granted)。制度环境要求企业采纳广为流行的合理化观念和社会中业已制度化的策略、程序和行为，而不管这些是否有助于提高企业的运作效率。同时，企业从自身角度出发，为增加其合法性及生存率，倾向于接收依附于制度环境中的行为来显示它是在以一种适当的、理由充分的方式为集体目标而行动(Dowling et al., 1975; Meyer et al., 1978)。企业通过制度化要素的整合，为其行为提供了合法性说明，并使经营管理行为免受质疑。这样，企业就具有了合法性，并用其来加强对自身的支持和保障。

Meyer 等(1978)的一项研究表明，企业在雇佣员工时遵守合法程序，如平等就业机会程序或心理测验程序，并提供相应的社会福利保障，不仅是为该人员雇佣的合理性提供解释和说明，也向外界展示了组织接受外界制度规则的形塑，从而获得政府和公众的支持。如果忽略环境中的合法要素，就不能向人们提供可接受的合法性解释。这样企业更有可能被指责为疏忽的、非理性的或多余的；这样的指责可能会来自企业内部，也有可能是来自企业外部或政府，都会使企业付出实在的代价。Bake 等(1971)研究了现代医疗制度对于企业人力资源管理的影响，发现不提供员工医疗保障的企业，会被员工、管理集团、保险公司认为是忽略了公民权利，法院还会因其疏忽而进行法律制裁。DiMaggio(1984)考察了环境安全制度对于组织内部设立正式的安全规则、安全部门和安全程序的影响，他发现，“禁止吸烟”的标志和消防设施的配备，不管是得到真的实施还是仅仅只是摆设，对于组织展现其合法性都是必要的；没有这种标志的建筑可能会被政府关闭。Sonpar 等(2009)发现，经济学的专业化使得组织聘请经济学家进行分析成为流行的做法。尽管可能没有一个人理解、相信他们，但是在投资者、消费者、内部参与者眼中，组织的这些行为和活动有助于他们获得合法性，即使后来行动失败，这种聘请行为也可以提供合理解释，向投资者、股东显示如下内容：程序严谨、决策合理，从而为他们的某些过失而减少责任。与以上学者的研究思路不同，Oliver(1991)对过去组织只能被动接受制度环境、缺乏主动战略行动的观点提出了质疑，他认为组织在面对外部环境时，会根据自身资源来制定和调整战略，并提出在遇到制度合法性时，组织可以采取五种战略反应，且说明了影响战略的五个因素。综合 Oliver(1991)与 Spar 等(2003)的研究结果，Basu 等(2008)在建构意义(sense-making)的行动层次把企业姿态定义为“反抗”“试探”“开放”三种类型。

另外，新制度主义理论认为，制度合法性具有多重性的特点，并体现在作用来源和作用方式的多样性上，主要通过符号系统、文化脚本和心智模式对组织行为进行形塑。制度化被界定为组织实践获得规范与认可，并逐渐被视为理所当然而广泛接受的过程。DiMaggio 等(1983)强调了组织结构和实践得以再生产的强制、规范与模仿因素，强制因素包括政治要求(压力)以及政府强迫，政府对组织进行规制、监视和官僚控制；规范因素来源于专业与高等教育社会化功能的强大影响；模仿因素则源于很多行动者通过模仿同辈(peers)行为来应对不确定性的倾向。Scott(2001)在此基础上，扩展了三种制度趋同模式，并将相关的概念和论点整合到更宽泛的理论系统中，提出了制度三维框架模型。该模型不仅表明了制度在多个角度的变化性,也揭示了这些变化的原因。Scott 认为,制度由规制、规范和文化认知三个层面组成,并且在承诺基础、秩序基础、机制基础、逻辑基础、指示标志基础和合法性基础等多个横向维度上存在变化。

综上所述,根据制度理论的逻辑和研究视角,本书认为企业的绿色创新行为可理解为企业在制度环境的作用下做出的响应,类似于企业绿色创新动机研究中的"规范性"观点(或称义务观),同时也与我国现实背景中出现的一些现象吻合。例如,在 2008 年汶川地震中,一些企业的"被逼捐"行为就反映了外界制度环境中规范合法性和认知合法性对于企业社会责任的形塑作用,是行业规范、社会公众的要求和期望、非政府组织的监督以及舆论的压力迫使企业承担社会责任的集中体现,也是企业应对外部制度环境压力的理性行为。

上述新制度主义理论对组织行为的解释,以及有关制度合法性与制造企业绿色创新关系的研究,为本书探讨制度合法性对制造企业知识密集服务嵌入行为的影响提供了理论依据。根据新制度主义理论,我们初步认为制造企业嵌入知识密集服务网络的行为,可理解为制造企业在制度合法性的作用下为提高绿色创新绩效,从而获取合法性而做出的响应。但由于研究的情景和企业行为不同,具体在制造企业绿色创新情景下的影响机制,需要我们通过细致的访谈和调研,应用规范的实证方法进行更深入的研究。

二、知识管理理论

(一)知识内涵

知识的概念最初出现在哲学研究中,被柏拉图定义为"知识是被验证过的真实的信念"。随着科学的发展,知识的概念也在逐步演化。Davenport 等(1998)将知识界定为具有演化性质的复合体,包括系统化的经验、观点、价值观和信息等。Alavi 等(2001)指出,知识类似于物理学中的"波粒二象性"概念,具有实体和过程的双重属性。Nonaka(2000)认为,知识是个体对于"真理"的理解、判断和信念建立的动态过程和结果,是从模糊到清晰、从非结构到结构化的经验过程。

参考上述学者对于知识的理解,本书将知识界定为:被广泛接受的,有助于企业经营发展,并为企业带来现实或潜在利益的,系统化的经验、观点、价值观和信息。该定义包括以下三层含义:第一,具象在实物中的各类技术和信息(Hedlund et al.,1993);第二,经验、操作和诀窍知识(Kogut et al.,1993);第三,嵌入在各种信息、惯例、习俗和生产工艺当中的技巧和能力(Teece,2000)。

(二)知识分类

知识的概念演变至今,已形成多种分类方式。目前在学术界中被引用得最多的知识划分方式是 Planyi(1966)从知识流动和转移视角所进行的分类,他把知识划分为显性知识和隐性知识两类。其中,显性知识是指能够利用结构化信息所传达的知识,如通过数据、文本、音频和视频等在组织中传播和转移,这类知识能够较为方便地进行编码、接收和存储。隐性知识则被定义为嵌入在实践经验当中的,编码困难、表达晦涩的信息和经验。Planyi(1966)指出,人类社会所积累的大量知识属于隐性知识,即"知道的比所能表达出来的要多。"

在 Planyi 分类的基础上,在后续研究中,Johannessen (1999)提出了显性知识、系统知识、关系知识和隐性知识的分类方式。经济合作与发展组织在对知识经济的界定中,将知识划分为事实知识(know-what)、诀窍知识(know-why)、能力知识(know-how)和人力知识(know-who)四类。其中,事实知识和诀窍知识与信息类似,能够通过书本、影像资料、课堂学习等方式获取;而能力知识和人力知识则更多地通过实践和人际互动来获取。Whitehill(1997)将知识划分为编码知识、习惯知识、科学知识、协作知识、流程知识和公有知识。Boisot(2005)在隐性知识和显性知识分类的基础上,将知识细化为公共知识、专业知识、私人知识和常规知识四类,其中常规知识和公共知识归为显性知识范畴,私人知识和专业知识归为隐性知识。

高章存等(2008)指出,在显性知识与隐性知识之间,还有一类特殊的知识,被称为灰色知识(grey knowledge)。灰色知识又分为两种形态:一种为在个体已经掌握的显性知识基础上,利用理解、推理和思考等思想活动,构建系统化的知识模块;另一种为个体对所掌握的隐性知识进行编码、整理后而构建的知识,具有较强的情境性和个体依赖性。构思和创意等都属于灰色知识,它是知识转移、吸收和整合过程中一个重要步骤,起到连接显性知识和隐性知识的桥梁作用。

Inkpen 等 (1998)对隐性知识进行了进一步划分,并将隐性知识分为三类:有意识的知识、无意识的知识和团队知识。其中,有意识的知识属于可编码知识,但是编码难度要大于显性知识。团队知识是一类高度依赖人际互动和特定情景的知识。余光胜等(2006)认为隐性知识可分为技术维度和认知维度两种。技术知识的认知维度是指个体掌握了某些知识,但由于缺乏有效的编码和表达方式,难以将这些知识进行转移。这类知识包括经验、技巧以及与特定情景结合的技术,也就是我们常说的诀窍(know how)。认知知识的技术维度是指个体已经掌握但自己并未意识到的隐性知识,这类知识难以表达的主要原因在于个体无法意识到自身所拥有的知识,这类知识包括价值观、信念、心智模式等。Machlup(1962)根据知识的使用情况将知识划分为五种:实用知识(practical knowledge)、学术知识(intellectual knowledge)、消遣性知识(pastime knowledge)、精神或宗教知识

(spiritual or religious knowledge)和暂时无用的知识(unwanted knowledge)。Schulz(2001)认为知识可以划分为工具知识、思想性知识和心灵知识三种，工具知识指的是能够指导个体进行行动的知识，思想性知识主要是指文化、习俗和宗教等知识，心灵知识则指价值观和心智模式等。戈黎华(2008)主要研究了企业知识的分类，提出将知识分为战略知识、惯例知识、叙述知识和策略知识四种。

Nonaka(2000)在其所提出的SECI模型中，将知识划分为四种，分别为概念知识、系统知识、操作性知识和感悟性知识。概念性知识指的是指一种暗喻式的信息，对组织的产品设计和创新有导向作用，但还处于概念状态，需要进行细化和实现。系统性知识是指可进行编码并用正式语言体系进行转移和传播的知识。感悟性知识可归属为尚未编码的默会知识，植根于特定情景和集体互动中，需要通过"干中学"才能掌握的知识，具有"只可意会不可言传"特性。在企业中，感悟性知识往往嵌入在组织经营管理过程中，如工序流程、制度、惯例和管理模式等，与特定企业的情景紧密联结。

Sveiby(2007)则从知识资本的视角分类，提出人力知识资本、结构性知识资本和外部性知识资本。人力知识资本是一种内化在人身上的无限资本，表现为体力、智力和能力等。结构性知识资本主要是指组织内的有形和无形资本，包括设备、专利和组织文化等。外部性知识资本指的是与组织有紧密联系，可以为组织发展提供支持的外部知识资产，如客户关系、组织声誉等，受外部因素影响较大。于晓庆(2007)把企业知识资产划分为经验知识资产、概念知识资产、系统性知识资产、惯例知识资产。武欣等(2006)从团队和心智模式的视角，将知识资产划分为私人专有知识、团队知识和叠加性知识。私人专有知识是指组织成员所掌握的，但是不被组织了解，且没有与组织共享的知识；团队知识则是组织成员共同掌握的知识；叠加性知识则是组织成员共同掌握的知识。还有部分学者依据知识在企业内的层面，把知识分成科学、经验和常识三类知识。

(三)知识管理的内涵和过程

知识管理(knowledge management，KM)被定义为知识的搜索、获取、吸收、转移、整合、创造与扩散。组织内外的海量信息只有通过整理或编码之后才能成为组织可以掌握的知识，并为组织创造价值。迈克尔·波特教授发现，企业竞争优势的核心在于其异质性资源，特别是独特的知识资产。这种知识嵌入在组织内，具有无形性和默会性，因而难以被其他企业和组织模仿。它是企业保持竞争优势的源泉。因此，企业基业长青的一个重要途径便是进行有效的知识管理。

知识管理一直是学术界研究的热点。Nonaka(1994)从企业知识创造过程出发，认为知识管理是对知识进行整理、转移和整合的一系列活动。Frappaolo

(1999)从个体能动性激发的视角，指出知识管理能够激发员工潜力，帮助组织成员整理自身所掌握的经验和技能，从而提升企业创新绩效。Thomas(2000)则认为知识不仅仅是数据和信息，高效的知识管理需要将不同属性和类别的数据、信息进行分离，发现它们之间的内在联系，因此知识管理的过程就是找到不同信息间内在关系机制的过程。Gold 等(2001)认为知识管理是对不同知识要素的整合，并转化为企业实际竞争力。Sydanmaanlakka(2002)强调知识管理的结果，指出知识管理是为了提高企业绩效，帮助企业提高、获取和保持竞争优势。企业拥有什么类型的知识不是关键，关键是对知识的运用。Snowden(2003)认为知识管理是一种提升人力、智力的方式，通过科学的方法使得知识更容易吸收。魏江等(2000)提出，知识管理主要是对显性知识与隐性知识的管理，促进隐性知识向显性知识的转化，以及对两种知识的吸收。

综上所述，不难发现在多样化的知识管理定义中，都存在一个共同特点，即对知识的各类要素(如文本、图像和数据等)进行人为管控，进而帮助企业改善绩效，获取和保持竞争优势。因此，通过整合上述学者的观点，本书对知识管理的界定如下：知识管理是指组织利用各种方式和途径对组织内外部知识进行搜索、获取、加工、吸收与整合，实现知识的增值与创造，从而促进组织创新、提升绩效、获取竞争优势。本书对于知识管理的界定是一种过程视角，强调知识管理活动的流程，包括知识搜索与识别、知识转移与获取、知识整合与吸收、知识创造等关键环节，各环节步骤之间彼此联系。知识管理具备以下几个共同特征：一是知识管理的对象是组织所需的，存在于组织内外部的各类知识；二是知识管理是一个过程，由若干环节和步骤组成；三是各环节步骤彼此关联。

1. 知识获取

从组织外部获取知识是企业生存与发展的重要途径。首先，从外部获取知识不仅可以弥补企业知识资源不全面的缺陷，而且能够与自身知识形成优势互补。企业所拥有的知识资源是有限的，即使对于实力雄厚和规模庞大的企业而言，也无法掌握全部的知识，企业为保持自身的竞争优势，需要持续地从组织外部获取相关知识，特别是可以与企业本身所拥有的知识基础形成互补的知识资源。这种互补性知识有助于企业保持合理的知识结构，强化企业的核心竞争力，并使得知识在全社会有效配置。其次，持续地从组织外部获取知识有助于企业适应快速变化的市场环境。随着科技的快速发展以及市场竞争日趋激烈，企业必须不断根据自身的知识基础情况，从外部获取相应的知识资源来实现有效创新，无法及时从外部获取所需知识的企业难以适应经济发展要求。

注意，获取的知识不一定是市场上全新的，只是相对于目标企业而言是新颖的。获取知识的方式有多种,如直接购买、雇佣专业人才、合作研发等。其中,购买是最直接、最快速的知识获取方式。另外,直接到市场上雇佣掌握特定知识的专业人才也是一种有效的知识获取方式,且这种方式相对于直接购买知识,还能够使企业获得长期持续创造知识的能力。合作研发比较常见的形式是企业与其他组织通过契约或非契约的方式,投入资金、人才和技术对某一项目进行共同研发,并共享成果。

2. 知识整合

知识整合是知识管理过程中关键的环节。Davenport 等(1999)认为,知识整合是指将组织所掌握的知识以特定的方式进行整理和组合,其目的在于使得知识更容易被组织理解和使用,并为创造新知识提供基础和做好准备。

企业在成长过程中会积累大量零碎、不成体系的知识,这些知识难以被直接用来创造新知识,因此需要将这些碎片化知识融合整理。知识整合不是简单对知识进行叠加,而是从系统角度,运用特定的科学方法对不同技术领域、不同层次的知识进行整理、组合,以推动新知识的创造。对信息和知识的充分识别和分类,以及对未来市场情况与科技发展方向的科学预测是知识整合的基础。知识整合的各个环节体现了对知识的识别、整理、挖掘和重构。通过知识整合,提高了外部异质性知识与企业自身所拥有知识间的匹配融合程度,为企业实施后续知识管理活动打下了坚实基础(魏成龙 等,2009)。知识整合的核心不在于是否搜索了足够广泛的技术领域,也不在于整合了多少知识量,而在于通过知识整合是否创造出了对企业生存发展有促进作用的新知识。另外,企业内部的知识基础对于企业进行知识整合活动非常关键,因此对企业内的各类显性和隐性知识进行系统分类和整理十分必要。同时,由于员工所掌握的知识特别是隐性知识对知识整合效果有显著影响,因此企业也需要在知识整合过程中提高员工的主观能动性,加强员工间的有效沟通,使得知识在企业内部充分流动,从而提升知识整合效果。

3. 知识分享与转移

创新与知识创造的一个重要前提在于知识能够充分的流动与传播,因此知识分享和转移对于提升创新效果至关重要。知识共享包括组织内部知识共享与组织间的知识共享。在组织间知识共享层面,出于对知识产权保护的考虑,大部分企业知识共享的意愿并不强烈,而从整体经济发展角度看,知识共享有助于经济发展,因此,如何促进企业间的知识共享是一个重要议题。姜莹等(2009)对企业知识共享意愿的研究发现,企业的知识共享存在两个方面的动机:首先,知识共享有助于企业提高竞争优势。在知识经济背景下,科技的发展和知识的更新需要企业进行持续创新,而仅通过企业自身的研发能力,大部分企业难以满足市场所要求的创新速度与质量。因此与其他组织的合作创新是一条有效途径，而合作创新的一个重要前提便是知识共享。其次，随着市场竞争的日益激烈，包括土地、劳动力和原材料在内的传统生产要素已经难以帮助企业形成核心竞争力，与此相对应的是知识与技术等新型生产要素逐渐成为企业构建核心竞争力的关键，传统的劳动和资本密集型企业也逐步转型为知识密集型企业。而知识共享是知识密集型企业进行创新的重要手段。

4. 知识创造

Nonaka 等(1994)所提出的 SECI 知识创造模型是知识管理研究领域最具代表性的知识管理模型。在 SECI 知识创造模型中，隐性知识和显性知识之间的相互转化和作用是知识创造的基础。这个过程包括四个环节：社会化(socialization)、外部化(externalization)、联结化(combination)、内在化(internalization)。其中，社会化是指隐性知识之间的相互转化过程，如通过沟通与交流，个体所拥有的共同体验会逐步转化为共享心智模式以及需要干中学的默会技能。外部化指的是各种隐性知识向显性知识转化的过程，转化的形式主要包括隐喻化、概念化、假设和模型构建等，该环节是知识创造过程中的关键步骤。联结化则是显性知识之间相互转化和作用的过程，即把各种概念、范畴整理和组合成系统的、有一定逻辑关系的知识体系的过程。例如，通过正式的教育将各种概念等知识转化为个人头脑中的系统的知识体系。内在化则是指显性知识转化到隐性知识的过程，这个过程主要通过干中学的方式将显性知识内化为个体的隐性知识。因此，根据 SECI 知识创造模型，不难发现企业的知识创造过程就是隐性知识与显性知识相互转化的动态过程，而该过程又会受到一些因素的影响。

第一，共享心智模式的形成需要在一个可以充分沟通的“场域”中进行，该场域实际上就是促成个体之间分享各自经验、心得和体验的场所。第二，知识的外化通过集体沟通与意义构建来引发，并通过概念和模型化将隐性知识显化。第三，组织将所获的新知识与企业自身所拥有的知识体系相结合是激发联结化的主要途径。这些联结化的知识最终将内化在企业的产品与服务中。第四，组织员工通过干中学的方式完成内在化。

以上四个阶段的知识转化过程所产生的知识，其内容和性质存在显著差异。社会化创造的知识属于“共感知识”，如心智模式；外部化创造的知识属于“概念知识”；联结化将“概念知识”转化成“系统知识”；内在化创造了企业中关于运营、管理、生产、销售、制度等方面的“操作知识”。

三、社会网络理论

在学术界，社会网络理论的研究可以被追溯到 20 世纪 40 年代，最早出现在人类学领域。人类学家 Brown(1940) 在专著 *The Andaman Islanders* 中首先提出了“社会网络”的概念，并用其解释人际关系与社会资源配置。Barnes(1954)在 Brown 研究的基础上，以挪威的村庄为研究对象，对人类社会中跨越亲缘与阶层的人际关系展开了研究，发现村庄的社会结构呈现出跨亲缘关系的社会网络形态。随后，有关社会网络的思想开始被引入社会学、经济学与管理学的研究中，分析对象扩大到社群、团体和组织等。目前，管理学领域的社会网络理论主要借鉴了三种思想：一是以社会学家莫雷洛(J. Moreon)为代表的社会互动思想；二是以勒温(K. Lewin)为代表的基于数学拓扑学和集合论的社会空间结构分析法；三是以德国心理学家海德(F. Heider)为代表的基于认知心理学的群体动力学研究方法。

(一)社会网络的内涵

社会网络的含义非常丰富，在现有文献中，学者们从不同视角对社会网络的内涵展开界定，包括资源视角、社会资本视角、结构视角和关系视角等，具体可划分为四个层面。第一个层面为结构主义角度，认为社会网络的结构因素会深刻影响网络内成员的行为，如市场结构会影响市场上各交易主体的行动策略、资源视角下网络结构会影响资源的分配。第二个层面为尺度视角，可划分为宏观尺度和微观尺度(Gulati，2000)，宏观尺度的网络研究聚焦于社群研究(Lazer，2007)，而微观尺度则聚焦于个体层面，如员工关系、绩效、职位晋升和满意度等(Granovetter，1974)。第三个层面为内容对象，主要考察社会网络中不同成员间的特点和关系，如供应商、社区、客户和政府等。第四个层面为关系视角，主要分析社会网络的关系特征及影响后果(Podolny et al.，1998；Gulati，1998；Tsang，1999)。因此，学者们普遍认为社会网络是资源配置的渠道。

(二)社会网络的核心理论

目前社会网络的核心理论有社会资本理论、结构洞理论和网络嵌入性理论。

1. 社会资本理论

社会资本是指嵌入在个体的社会网络中，可以由个体通过网络获得的现时的和潜在的资源总和；社会资本既包含网络本身，也包含网络所蕴含的各类资源。孙剑平(2008)指出，社会资本源自网络关系，并根植在关系网络中，关系网络的差异也会导致异质性的社会资本。社会资本的核心在于网络成员之间的联结，个体通过联结关系来获得相应资源。

边燕杰(2004)强调，首先，社会资本的主要表现形式就是社会网络结构，不同密度的社会网络所保护的社会资本有较大差异，高密度网络容易形成严格的行为规范，低密度网络具有宽松的规则；其次，个体所掌握的关系网络规模大小决定了其社会资本的多寡;最后,社会资本是一种由社会网络所带来的资源,成员在网络中所处的位置可以影响其所能调动的社会资源。也有学者提出不同意见,认为虽然社会资本嵌入在社会网络内,但关系网络的建立和使用是存在成本的,社会网络和社会资本不能完全等同。Koka 等(2002)指出,社会网络中的个体不仅仅是个人,也包括团体和各类组织,因此社会资本的作用机制也可以扩展到企业层面。本研究采用的就是这一观点。

2. 结构洞理论

结构洞理论最早由美国学者 Burt 于 1992 年提出,他认为在社会网络中,部分网络成员之间(包括个人和组织)存在无直接联结的现象,因此从社会网络的整体联结情况来观察,网络中就存在一个个空洞,Burt 把这种空洞称为结构洞。例如,社会网络中有 D、E、F 三个个体,D 分别与 E 和 F 都有联结关系,而 E 和 F 之间没有联结关系,那么 E 和 F 之间则存在结构洞。因此,根据上述观点,社会网络的结构都能够被描述为两种状态:当社会网络中的每个个体间都存在直接联结关系时,则称该网络为"无洞"结构;当社会网络中的网络成员彼此间只有部分存在直接联结,而另外一些没有直接联结的时候,则称该网络中存在"结构洞"。

Burt(1992)的研究发现,处于结构洞位置的个体具有显著的信息与关系优势。例如上面例子当中的 E 和 F,它们若想产生联结关系,则需要通过 A 为桥梁,这时 A 作为连接结构洞的个体,能够控制信息的流动,并从中获取相应的利益。随后,Burt(1992)在结构洞理论的基础上进一步提出了弱关系观点,认为与大量网络成员存在弱联结关系的个体实际上处于结构洞位置,他们能够利用各网络成员间的信息不对称来获得收益。

3. 网络嵌入性理论

在社会网络研究中,嵌入性(embeddedness)是解释网络效果的重要机制,指的是经济行动主体的经济行为嵌入社会经济关系网络之中,受网络成员间关系及整个关系网络属性的影响。

首先提出"嵌入性"概念的学者是 Polanyi(1957),他在其著作《大变革》中指出,社会生活中个人的社会经济行为一直嵌入在正式和非正式的社会制度中,并受到这些制度的影响。"嵌入性"概念的一个重要贡献在于将社会的非正式制度纳入了社会网络研究中。随后,Harrison 提出,从社会网络视角上看,市场是各种以互惠互利为基础的、相互联结的企业所组成的关系网络,企业行为的嵌入在这种社会结构中,受到社会结构的影响。在 Harrison 研究的基础上,马克·格兰诺维特(Mark Grnaovette)于 1985 年发表在 *American Journal of Sociology* 的一篇文章中对"嵌入性"理论进行了改进和完善,他把宏观层面的网络嵌入性分析延伸到微观个体行为中，指出信任是网络嵌入性的核心机制，个体基于彼此间的信任构建联结关系，并采取相应行动。基于上述研究，Grnaovette 进一步拓展了“嵌入性”概念，认为各个行为总是嵌入在具体的、动态的关系网络中，个体行为受到与之有联结的其他个体以及他们间关系的影响。

本书对嵌入性的理解与 Grnaovette 的思想一致，认为网络嵌入性是指网络内各成员由于各种联结关系而形成的具有差异性的社会网络，不同成员在网络中的位置以及与其他成员的关系存在差异，这种差异会对整个社会网络产生影响，同时整体社会网络结构又会反过来影响网络成员的行为。

社会网络理论的结构视角和关系视角为研究企业创新网络的生成机制提供了新的分析思路。根据研究视角的不同，Granovetter(1985)将嵌入性分为关系嵌入性(relational embeddedness)和结构嵌入性(structural embeddedness)两个维度。

关系嵌入性基于二元视角，关注企业间联结关系的内涵，如合作双方对对方需求和目标的重视程度，以及交易双方之间的相互信任、依赖和信息共享程度(Granovetter，1985)，主要包括关系强度、关系质量和关系信任等指标。在关系嵌入性视角下，网络成员间的联系是一种资源依赖关系。网络中各成员通过各种关系进行联结，不同形式的资源则通过这些联结在网络中流动，从而推动网络形成。

关系嵌入性分析当中的一个重要指标是关系强度。现有文献将关系强度划分为强联结和弱联结两种。强联结关系的构建需要频繁、长期的沟通与交流，以及在此基础上的充分信任。强联结关系有助于个体之间信息的传递与知识共享，特别是复杂知识的转移。相对于强联结关系，学术界对于弱联结关系的研究不够充分，直到 Grnaovette(1973)在论文 *The Strength of Weak Ties* 中提出了弱联结关系在社会网络中具有桥接“结构洞”的作用后，才得到学者们的关注。弱联结关系减少了个体之间关系维护方面所花费的成本，同时减缓了网络中重复信息的传播速度和规模，从而降低了社会网络中信息冗余的程度，使得社会网络内的信息更具多样性。因此，弱联结关系从另一方面对网络成员产生了积极影响。

结构嵌入性被定义为由组织间的相互联结而形成的网络架构和各组织的网络位置特征，包括网络密度(density)、网络中心度(centrality)、结构洞(structural holes)等维度(Burt，1992；Houston et al.，2004)。结构嵌入性视角关注的是特定网络结构所带来的利益。例如，当企业处于创新网络中的结构洞位置时，可以接触彼此不相连的合作伙伴，获得持有和控制知识和信息的权力。这种权力一方面可以使企业获取大量异质性知识，提升其创新的成功率；另一方面也加快了创新网络内异质性知识的传播，促进整个创新网络创新水平的提升。

四、本节小结

本节主要对本研究所涉及的新制度主义理论、社会网络理论以及知识管理理论进行系统分析，首先，从制度合法性的界定、制度合法性的主要观点和制度合法性对组织行为的影响机制三个方面对新制度主义理论进行了阐述；其次，对于知识管理理论，从知识的内涵、知识分类以及知识管理三个方面进行了阐述；最后，阐述了社会网络理论的内涵，以及社会网络理论中的社会资本、结构洞和嵌入性三个核心理论。本节对新制度主义理论、社会网络理论以及知识管理理论的系统阐述为本书后续研究提供了理论基础。

第二节　文献回顾

一、企业绿色创新的相关研究

（一）概念界定

在现有文献中，有关减少自然环境破坏、改善生态环境的创新术语存在四个意义相近的概念，分别是绿色创新、生态创新、环境创新和可持续创新（Scbiederig et al.，2012）。在 20 世纪 80 年代以前，环境创新是环境保护学术研究中的主流术语；到了 21 世纪以后，学术界开始普遍使用可持续创新与生态创新这两个术语；而在 2006 年之后，绿色创新这一术语开始被运用在环境研究的各类文献中，其出现的频率超过了上述三个术语（戴鸿轶 等，2009）。学术界普遍指出上述四个术语在概念内涵上只有细微不同，且在本质上研究的是同一主题，因此一些学者建议这些术语可以交替运用（Schiederig et al.，2012）。本书采用的是绿色创新这一术语。经济合作与发展组织将企业绿色创新界定为：企业通过产品设计、生产工艺、管理组织、市场营销和商业模式等方面的创新来改善环境或减少对环境的破坏。张钢等（2014）把绿色创新定义为“涉及节能降耗、污染治理、环境改善相关的技术创新与管理创新”。

综合上述学者的研究，本书主要从知识视角对企业绿色创新进行界定，认为制造企业绿色创新本质上是一项复杂的创新活动，涉及绿色产品设计、制造工艺、循环生产、排污处理和节能等不同技术领域的知识在组织内创造、整合与扩散。

（二）企业绿色创新的驱动因素

由于企业绿色创新与企业社会责任类似，能够产生较强的正外部性，因此对于如何推动企业进行绿色创新,即企业绿色创新的驱动因素,一直是学术界关注的焦点。与企业一般的创新行为不同,由于进行绿色创新的成本可能要高于其带来的经济效益,因此企业在一定程度上缺乏实施绿色创新的经济激励。一般创新理论基于竞争理论强调追求经济收益的驱动作用,主要从技术推动和市场拉动在创新活动中的作用进行分析。此逻辑认为,企业选择进行绿色创新是因为其净收益为正,否则企业只会参与那些被强制要求的活动(柳卸林 等,2015)。因此,在分析绿色创新的驱动因素时,需要对一般创新理论进行扩展,引入环境政策和制度因素。

有些学者基于制度理论视角认为,企业的决策未必都是基于管理者的理性经济分析(Oliver,1991;Scott,1995),特别是绿色创新需要更多从合法性获取的角度考虑。在这一逻辑下,政府管制、市场要求和社会期望等制度因素都是重要的驱动力量(张天悦,2014)。其中,比较有代表性的是 Porter 等(1995)提出的"波特假说",他们认为设计合理的环境规制政策能够促使企业进行绿色创新,通过创新补偿作用,企业可以弥补甚至超过服从规制所带来的成本。自波特假说提出后,学者们开始重点关注制度因素中的环境规制对企业绿色创新的影响。Lanoie(2007)指出,政府严格的环境规制主观上会促使制造企业实施绿色创新。Kammerer(2009)通过对德国家具制造业的研究发现,政府所颁布的环保法案有利于激发制造企业采取环保措施。Yalabikb 等(2011)发现,严格的环境规制对制造企业的绿色创新研发有推动作用。殷宝庆(2012)认为,适度的环境规制能够激励制造企业在末端治理上改进治污技术,减少对环境的污染。Mazon 等(2012)的研究表明,环境规制有助于制造企业与其他组织在绿色创新方面展开合作。然而,也有学者提出了不同的观点。童伟伟等(2012)发现,在现有的环境规制政策下,我国东部地区的制造企业更有绿色创新的动力,而中西部地区制造企业的绿色创新积极性较弱。Brunnermeier(2003)通过治污成本来测量环保法律法规的效果,结果表明环保法规对制造企业绿色创新有一定作用,但影响有限。Bartlettd 等(2010)对俄罗斯化学制品、汽车和船舶等八个制造行业进行了调研,发现环境规制并不能促进制造企业展开绿色创新。Berrone 等(2013)的研究也得出了类似的结论,他们发现实施绿色创新战略的制造企业受环境规制的影响不显著,而主要采取末端治理来减少污染排放的制造企业则显著地受到环境规制的影响。对于这种研究差异,一些学者提出,除了环境规制中不同的政策工具会影响企业在绿色创新上的差异外,现有文献对于中间过程的忽略也是重要的原因(Kemp et al.,2008;Pelin et al.,2011)。

上述从制度环境角度对企业绿色创新驱动因素的研究为本研究提供了丰富的线索,使我们了解到制度环境是促进企业进行绿色创新的重要动力。但遗憾的是,正如 Pelin 等(2011)所指出的,现有文献中对于制度因素与企业绿色创新绩效关系间中介变量的探讨鲜有涉及,这不仅导致了研究结论的不一致,同时也暗示了仅有实施绿色创新的动力还不足以让企业完成创新并提高创新绩效。企业还需考虑自身的知识和能力状况,特别是在实施创新过程中如何获取所需的各种资源和知识。

(三)企业绿色创新绩效

从现有文献来看,绿色创新绩效测度与评价领域的研究分为两类:一类倾向于构建多指标综合评价体系来研究绿色创新绩效,认为绿色创新绩效是技术、市场和环境的统一(毕克新 等,2015);另一类倾向于运用单指标衡量绿色创新绩效。同时,在综合指标构建上主要存在两条路径:第一条路径为投入产出路径,通过制造企业在绿色创新上的投入产出来建立指标体系,目前文献中使用较多的绿色创新产出指标有环境绩效、经济绩效、社会效益、生态绩效、知识产出水平、间接绩效水平、直接绩效水平等(吴雷,2009),主要的绿色创新投入指标包括环境创新资金投入、环境创新人力投入、技术水平等(Arundel et al.,2009)。第二条路径为绿色创新的内容,通过制造企业绿色创新的具体内容来构建指标体系。陈劲等(2001)提出制造企业绿色创新可从产品设计、绿色生产、工艺、末端治理四个层次来构建绿色创新指标体系;王建明等(2010)从绿色技术创新、绿色生产创新和绿色营销创新三个方面设计了绿色创新绩效测度量表;Cheng 等(2012)从生态组织、生态工艺创新和生态产品创新三个维度构建了生态创新绩效评价指标体系。

在单指标测度方面,主流的测量方法有两种,一种是利用世界知识产权组织所开发的 IPC 绿色专利清单中的无害环境技术来进行测量,另一种是通过污染物排放量(Carrión-Flores et al.,2010)等指标衡量绿色创新绩效。

综上所述,现有文献在绿色创新绩效测量领域的研究已取得了丰硕成果,为本项目的研究奠定了基础。为避免单一指标的不足,本研究采用多指标综合测量,从创新对象和内容的视角,将制造企业绿色创新绩效划分为绿色技术创新绩效与绿色市场创新绩效两个维度。其中,前者可以通过企业绿色专利授权数增长率、绿色技术改造率等指标测量,体现专利研发、新产品(工艺、服务)开发以及应用新工艺和新技术对传统技术进行改造,降低生产活动的资源、能源消耗方面取得的绩效;后者可通过企业绿色产品(工艺、服务)销售收入占产品(工艺、服务)销售收入总额比重,以及绿色产品(工艺、服务)顾客满意度等指标测量,体现制造企业在绿色新产品(工艺、服务)的市场开拓和绿色营销创新方面取得的绩效。

二、制度合法性视角下制造企业绿色创新相关研究

组织社会学的新制度主义理论主要利用“同构”（isomorphism）和“合法性”机制来解释企业的同质性行为，认为在制度合法性作用下，企业为了能够从嵌入的制度环境以及利益相关者那里获得支持和资源，会采取那些在场域中得到制度承认的组织架构、政策和行为，以获取和提升合法性，而这种追求合法性的行动最终导致了处于相同环境的企业产生趋同现象，即制度环境对组织的形塑作用。目前，学者们主要将这些同构机制划分为规制（coercive）、规范（normative）和模仿（mimetic）三类（Dimaggio，2000）。

对于企业绿色创新而言，规制合法性来源于对企业合法性有裁决权力的组织（一般是政府和监管机构）所施加的各种强制性压力，包括行政指令、强制要求或法律法规等（Murphy，2000）；规范合法性源于企业的重要外部利益相关者，如专业化组织（行业协会、学术机构等）、客户和供应商所施加的行业标准、规范和社会期望等（Porter，1995）；模仿压力源于企业为了保持自身竞争优势，应对由行业内龙头企业或竞争企业所带来的竞争，而采取的模仿学习行为（Li，2014）。学者们的研究发现，制度合法性是企业开展绿色创新的重要驱动因素。Jennings 等（1996）利用制度理论解释了制度对企业环境管理实践的影响，认为在外界对环保的呼吁和压力下，企业将通过展现出良好的环境绩效来获取合法性。魏泽龙（2015）指出，在国家提倡绿色发展的背景下，企业为了获得市场合法性和政策合法性，会设法提升自身的绿色创新。Marchi（2012）研究认为，在政府施加的环境规制下，企业会对生产方式进行变革，通过加大生态创新投入、改良工艺流程等提升绿色创新效果。彭雪蓉等（2015）指出，企业采取绿色环保措施的驱动力可归为三个方面，即获得政府合法性支持、提升企业市场声望和建立竞争优势。

三、知识视角下制造企业绿色创新相关研究

从知识和技术层面上看，绿色创新通常被定义为利用对制造工艺、生产技术、中间产品和最终产品等环节或整个制造生产系统的优化改善来消除或减少对环境的破坏。其本质上是知识、组织和市场问题的综合，是一项复杂且系统的活动。因此，知识管理是企业实现绿色创新的有效途径和重要机制。企业在开展绿色创新时，需持续地整合内外部知识，并采取有效的管理模式来吸收和消化这些知识，从而帮助企业有效掌握目前的主流技术和发展趋势，为绿色创新提供新理念、技术和设计等。Allen（2010）以台湾制造企业为研究对象，提出企业知识的积聚能力对于绿色创新的实施具有积极作用。

（一）知识基础的多样化、专业化与制造企业绿色创新

在知识管理理论中，知识基础被定义为企业在所涉及的领域中拥有的各类知识元素（包括技术、专利、经验和管理流程等）的总和。Raddats 等（2015）认为，制造企业在绿色创新过程中需要利用大量来自企业外部不同领域的知识和技术，而获取和整合这些外部知识则依赖于企业在生产制造领域的知识基础。根据知识基础的横向范围和垂直深度，Turner 等（2002）将知识基础划分为多样化和专业化两类。多样化知识基础指企业所拥有的知识领域的广度，体现了企业知识基础的横向维度；专业化知识基础反映知识的垂直维度，即企业在特定技术领域内的知识积累、熟练和专业程度。

研究表明，这两类知识基础各有优劣。多样化知识基础使得企业在广泛的领域内拥有技术资源以及异质性知识，但容易造成知识和技术资源分散，增加管理成本（Xu，2014）。Carnabuci 等（2013）认为企业知识基础多样化可以拓宽企业拥有的技术领域，提高差异化程度，对企业创新能力有显著的正向作用。而 Quintana 等（2008）则认为，随着企业知识基础多样化提高，企业拥有的技术领域范围进一步扩大，企业管理成本增加，知识资源分配的有效性下降，这些不利于企业创新。专业化知识基础有助于企业在特定技术领域的知识积累和知识利用效率提高，但容易产生路径依赖，陷入技术的能力陷阱。例如，Xu 等（2014）的研究发现，专业化知识能够帮助企业在技术创新过程中最大限度地挖掘知识潜力。而 Macher 等（2012）通过对美国医药企业的研究则发现，专业化知识基础使得企业倾向于采取技术路径相似的研发策略，形成组织惰性，与创新呈负向关系。

由此可见，现有研究关于知识基础多样化和专业化对企业创新活动的影响效应还存在争议。因此在考察知识基础在制造企业绿色创新中的调节作用时，有必要将知识基础的二维特征纳入同一分析框架，通过综合探讨多样化和专业化知识基础对绿色创新的差异化调节作用，权变地理解两类知识基础的优劣势。

（二）知识距离与制造企业绿色创新

知识距离被定义为知识发送方与知识接收方之间知识基础的差异程度（Cummings，2003）。差距较小的知识距离（简称低知识距离）意味着合作各方的知识基础相似度较高，各方所能得到的知识差异性较小；差距较大的知识距离（简称高知识距离）意味着合作各方的知识基础相似度较低，各方所能得到的知识差异性较大。知识距离能够显著影响企业间的知识传播和共享，从而决定企业创新活动的效果。一种观点认为，企业间知识距离越小，则合作各方知识基础重叠的地方就越多，各方对所接收到的知识实施编码并整合的难度越小，从而促进创新（周密 等，

2015)。另一种观点则认为，知识距离的增加可提高企业获得多样化知识的机会，拓展企业技术领域，并可以与原有知识基础形成互补，提高创新绩效(Namibians，2013)。

基于以上分析，企业间知识距离的高低各有利弊，高知识距离在异质性知识转移和传播上的优势是低知识距离所缺乏的，但存在知识过载的风险；低知识距离在同质性和专业化知识的利用和开发上的优势是高知识距离所不具备的，但存在知识过度嵌入的风险。因此，在从知识距离视角研究绿色创新时，应考虑高、低两种不同的知识距离对企业绿色创新影响的差别，权变地发挥知识距离在企业绿色创新过程中的互补效应。

(三)知识耦合与制造企业绿色创新

作为调整和改变知识基础的重要方式，知识耦合指的是两个或两个以上技术领域中的知识元素通过不断地、动态地相互渗透、联结和组合等作用方式整合成新知识的过程和结果(Yayavaram，2008)；耦合度反映了这些技术领域间知识元素彼此整合的程度。在知识基础观理论中，知识耦合与技术相关性的主要区别在于：技术相关性指的是技术领域间所有知识元素客观存在的相互关系；知识耦合反映的是企业将不同技术领域间的知识进行关联和组合的行动，是主观能动的结果，具有主观性和动态性。知识耦合可以通过下列五种方式改变企业的知识基础从而创造新的知识组合：①企业通过在现有技术领域之间进行知识耦合来改变知识基础，称为原有技术领域间的知识耦合，如在现有技术领域间建立新的知识耦合关系、削弱或强化知识耦合程度。②企业进入以往没有涉及的全新技术领域，并在新技术领域与原有技术领域间进行知识耦合，称为新旧技术领域间的知识耦合。③企业放弃对某些技术领域的研发，并解除这些领域间已经建立的知识耦合。④企业放弃对特定技术领域的研发，并解除该领域与原有其他技术领域间已经建立的知识耦合。⑤企业进入以往没有涉及的全新技术领域，并在新技术领域之间进行知识耦合。根据 Yayavaram 等(2008)的研究，由于前两类是企业使用最多的知识耦合方式，为简化研究，本书主要关注这两类方式的知识耦合，即原有技术领域间的知识耦合(称为第一类知识耦合)和新旧技术领域间的知识耦合(称为第二类知识耦合)。

从上述文献回顾中不难发现，目前从知识管理视角研究绿色创新的主流文献中，大部分只关注知识基础的静态特征，如知识的深度和宽度、知识复杂度、知识冲突等对企业绿色创新的影响，而对于知识基础的动态变化特征，如知识耦合、知识元素的增减等与企业绿色创新的关系则鲜有文献研究。而另一部分文献探讨了知识管理的某些活动和方式，如知识溢出和扩散、知识搜索和知识共享等对企业绿色创新的影响。虽然其背后的逻辑都暗示了这些知识管理活动最终都会或多或少地引起企业知识基础的变化，但这些活动如何引发知识基础的变化，以及由其所导致的知识基础变化对绿色创新会产生何种影响，上述研究并没有给出答案。

四、社会网络视角下企业绿色创新相关研究

组织间网络在社会网络理论中被定义为以实现创新为目标，由三个或三个以上的组织通过正式或非正式的分工合作、市场交易、人际互动等形成的相对稳定的关系网络(Borgatti,2003)。从社会网络的视角进行分析，创新联盟是一种由联盟成员之间合作关系所形成的组织间网络。在网络研究中，嵌入性是解释网络效果的重要机制，指的是经济行动主体的经济行为嵌入社会经济关系网络之中，受网络成员间关系及整个关系网络属性的影响。根据研究视角的不同，学者们将嵌入性分为关系嵌入性和结构嵌入性两类(Granovetter,1992)。结构嵌入性被定义为由组织间的相互联结而形成的网络架构和各组织的网络位置特征，包括网络密度、网络中心度、结构洞等维度。本书主要关注结构嵌入性中的网络密度。

网络密度主要研究的是网络中不同成员彼此间所形成的联结关系数量多少。该概念可以客观衡量网络内成员实际形成的联结关系数量与网络中成员可能实现的联结关系数量的比例。比例越高，网络成员间的联结关系数量越多，网络密度越大；反之，则网络成员间的联结关系数量越少，网络密度越小。

网络密度对创新的效果在不同的研究中得出了相悖的结果。一方面，Ahuja(2000)的研究发现，嵌入在高密度网络内的组织彼此之间容易形成强联结，从而能够促进复杂知识传递，而复杂知识的获取和吸收有助于企业深入理解特定领域内的技术并改善企业创新。另一方面，Burt(2004)的结构洞理论却认为，高密度网络会造成网络成员间相互交流的信息和知识同质性较高，产生知识冗余和重复，增加网络成员获取信息和知识的成本。而嵌入在低密度网络中的企业与各组织之间形成弱联结关系，能够使得企业获取多元化、异质性知识。

随着绿色发展理念的兴起，越来越多的学者开始将社会网络理论引入绿色创新的研究中。虽然有研究表明，组织间网络在企业绿色创新过程中扮演着重要的角色，通过嵌入组织间网络，能够帮助企业接触绿色生产工艺、节能减排、末端治理技术等知识与信息，从而提高绿色创新的成功率(Lee,2009)。但是网络密度对企业绿色创新的作用机理，是否也与组织间网络对一般创新的影响机制类似，目前相关的实证研究还较为缺乏。同时，网络密度与一般创新关系的研究所揭示的影响机理也为我们将社会网络相关理论成果从一般创新繁衍到绿色创新领域提供了支持。

五、高管注意力相关研究

高阶理论的注意力基础观将注意力定义为一种认知层面的信息处理机制，指个体在选择、定位和处理信息过程中所采取的关注、编码、解释和时间投入等活动。注意力基础观指出，由于决策环境和相关信息是复杂的，而管理者的理性、精力和时间却是有限的，因此企业高管的注意力是一种稀缺资源。当外部纷繁的信息进入管理者的认知范畴后，管理者会根据自身的需要和目的，将有限的注意力分配在某些特定信息上，并权衡是否要采取进一步行动(Ocasio，1997)。同时，注意力基础观认为，高管的注意力配置是影响企业行为的重要因素，只有被高管所关注的议题才有可能进入企业的决策程序，从而影响企业行为。

从注意力基础观视角看，组织间网络只是为企业提供了接触异质性知识的机会，想要更好地利用绿色环保相关的知识，仅仅是嵌入网络中并与各组织建立联结关系是不够的，还需要企业高管将注意力资源配置到特定组织上，关注来自这些组织的知识和信息流，只有进入企业高管注意力配置范围内的知识才有可能进入企业的决策程序中，从而最终对绿色创新产生作用。因此，企业绿色创新的决策、行为和结果可以被认为是管理者注意力引导和配置的结果。

根据注意力基础观，企业高管可以采取两种注意力配置策略(Haas，2015)。第一种注意力配置策略被称为“注意力分散策略”，即高层管理者将注意力尽可能地分散到所接触到的各种知识和知识源上，这在组织间网络中则表现为，企业高管将其注意力大面积地分配到与之有联结关系的组织上，并广泛地获取由这些组织提供的知识和信息。分散型注意力配置有助于企业扩大知识搜索范围，但其代价就是无法对特定的知识进行深入的挖掘和处理。第二种注意力配置策略被称为“注意力聚焦策略”，即高层管理者将注意力聚焦到网络中某些特定的组织上，并处理来自这些特定组织的特定知识。注意力聚焦策略是一种深度知识搜索的方式，有助于企业深入挖掘、理解和吸收某些特定的知识，但其代价是会缩小知识搜索的范围。

第三章　制造企业绿色创新的多案例研究：基于扎根理论

本章试图在前述文献综述的基础上，基于多案例的研究思路并结合扎根理论（grounded theory）编码方法，分析制度合法性、网络密度、知识耦合、企业高层管理团队的注意力配置、制造企业绿色创新以及各利益相关者支持在企业实践中的具体表现，并结合相关理论探索和揭示这些变量间的关系，初步构建出本研究的理论构思和框架。

第一节　相关理论背景

在绿色创新研究领域，学者们对于制造企业实施绿色创新动机的争论持续了半个多世纪，至今尚未达成共识。正如文献综述部分所指出的，以往文献中关于该问题的研究主要从“工具导向”角度展开，探讨经济回报是否是制造企业实施绿色创新的主要动因，但始终无法得出明确结论。在这种情况下，来自新制度主义理论的研究成果为这个问题提供了新思路，一些学者（Terlaak，2007；Den et al.，2007）认为，企业实施绿色创新的一个重要动因在于从制度环境中寻求合法性，破坏环境的制造企业难以获得合法性从而容易失去持续发展的保障。为了更深入地分析制度合法性对制造企业绿色创新的作用逻辑，Hess（2008）指出，在影响机制方面，制度具有聚焦机制和分散机制两类，在影响层面上可划分成私人层面和公共层面。利用对合法性制度环境影响机制和层面的配对，能够将制度合法性进一步整合为三类：第一类是聚焦于私人层面的制度合法性，如行业规范和准则；第二类是分散于私人层面的制度合法性，如组织内具体的程序惯例；第三类是聚焦于公共层面的制度合法性，如法律法规等。这三类制度合法性对制造企业绿色创新的作用逻辑存在显著差异。Terlaak（2007）通过对各个时期制造企业绿色创新战略的跟踪研究，发现在不同时期，制造企业在制定绿色创新战略时考虑的合法性类型存在很大差异，具体而言，在初创期的企业更注重功利合法性，而进入成熟期之后则更注重道德合法性。

Wang(2009)发现，对于类似中国这样的发展中国家，制造企业进行绿色创新的动因大部分来自外部的制度环境的压力，其目的是为了获取合法性；其中影响力最显著的为政府政策和法律法规的要求，其次是来自同行业企业的竞争压力以及消费者的需求，同时行业协会制定的各类准则，社会大众呼吁、公会活动以及舆论监督也是不可忽视的力量，而上述这些合法性来源实际上也正是新制度主义理论所提出强制、规范与模仿因素在现实中的表现(DiMaggio et al.,1983)。本书认为，Scott(2001)所开发的制度合法性三维模型(认知合法性、规范合法性和规制合法性)很好地融合了新制度主义理论关于制度合法性来源的观点，是“企业战略研究工作者观察和测量制度变量的基准模板”(吕源 等,2009)。例如，这三种合法性来源恰好与Hess(2008)所提炼的“聚焦于私人层面的制度合法性”“分散于私人层面的制度合法性”“聚焦于公共层面的制度合法性”相呼应。同时，Scott(2001)的理论模型也是新制度主义理论与组织行为研究领域引用最多的理论模型之一(郭毅 等,2007)。

另外，利益相关者理论的引入和发展，对传统的企业理论和经济理性主义进行了修正，该理论主张除了追求利润、投资回报等财务绩效外，企业在社会中的另一个重要职能便是满足利益相关者的要求，增进社会福利、提高员工待遇、保护消费者权益、从事公益活动等。研究发现，当利益相关者会以法律手段和市场机制来表达自己的要求时，这种来自企业外部的要求就能够深刻影响企业的经营行为，因此，获得利益相关者的支持在某种程度上也可能是企业主动进行绿色创新的一个重要因素。

当以“环境-战略决策-行为-结果”的战略管理标准分析框架进行探讨时，外部制度合法性可以通过影响高管的注意力配置，对制造企业的绿色创新决策产生激发效应，进而作用于制造企业绿色创新；同时在制度合法性下，企业会设法采取各种绿色创新实践来提高规制合法性，如污染防治技术的采用、清洁能源的开发、生产技术和设备效率的提升等，以规避可能引发的政治风险和法律制裁。但不论采取何种绿色创新实践，在很大程度上都需要突破既有的知识和技术路径，这就涉及在绿色环保相关的技术领域间进行知识耦合。另外，组成创新联盟并从联盟中获取绿色创新所需的知识被认为是开展绿色创新的一种有效模式，而制造企业所在联盟的网络密度、联盟成员企业间的知识距离以及制造企业高管的注意力配置策略都会影响制造企业绿色创新。制造企业绿色创新的结果会最终影响各利益相关者对企业的评价，从而影响这些利益相关者对企业的支持。Porter 等(2006)也提出，企业绿色环保行为若与公司战略决策紧密结合，则能够提升绿色创新效果。企业绿色创新决策体现了企业高管团队对相关议题的关注和处理过程，进而引导企业选择合适的联盟伙伴以获取相应的绿色知识与技术，同时展开相应的知识耦合，通过这一系列的程序形成了具体的绿色创新实践，最终满足企业利益相关者的期望和要求，获得他们的支持。

在我国，通过制度环境的角度来研究不同企业绿色创新实践的差别有一定的学术和现实意义，同时高层管理者的注意力与企业的知识管理过程、企业行为的关系也是学术界极为关注的课题(Ocasio，1997；Tan，2009)。通过以上分析，本章将通过六个企业的探索式案例透视和厘清制度合法性、网络密度、知识距离、高管的注意力配置、知识耦合、制造企业绿色创新以及利益相关者支持间的内在关系。

第二节　案例方法和研究设计

本书采用多案例研究方式构建理论模型，主要是基于如下考虑：第一，单案例研究多数情况下还是属于验证性研究，主要是对已有理论模型或研究假设进行验证(Eisenhardt，l989)，同时很大一部分单案例研究的文献倾向于选择特殊的或者是较为极端的案例企业，并且缺乏案例间的逻辑比较和多源数据的验证支持。多案例研究正好弥补了单案例研究的这种缺陷，既可用于探索式研究，也可作为验证性分析。在验证性分析中，该方法可进行反复验证和相互比较，提高研究结论的普遍适用性；在探索式研究中，通过对案例间的共性进行归纳分析，能够对难以从情景中分离出来的现象进行研究，并构建出理论模型，产生新理论。第二，对于制造企业绿色创新的开展情况，不同地区、行业的企业存在显著差异，即使是在同一地区、行业中的企业对制度环境的认知和理解也各有不同，从而导致对绿色环保关注的偏差，并形成不一样的绿色创新实践。单案例研究难以探索出造成这种差异的原因和因素，而多案例研究可将案例间的数据进行汇总交叉分析，使构建的理论模型具有较强的信效度。

一、样本企业的选择

根据 Eisenhardt(1989)、Yan 等(1994)学者的观点，在运用多案例分析法时，至少需要四个以上的案例才能使结论具有说服力，并且从近几年来在国内外权威管理学期刊上发表的案例研究文章来看，学者们偏好于选择 4～10 个案例。因此，本书根据所研究内容和理论模型的复杂度，最终选取了 6 家企业用于多案例分析。

在进行案例研究时，案例企业选择的标准主要根据所研究内容而定。就本书而言，主要考虑了以下因素：①案例企业数据的可得性。在欧美等发达国家，绿色创新已经进入企业的战略管理层面，有专门的绿色环保管理档案和程序，同时向社会公开，公众能够方便地查阅。而在我国，虽然社会公众对企业绿色环保实践的呼声越来越高，但企业界内还没有形成广泛的绿色环保理念，许多企业对绿色环保行为的认识仍然处于萌芽阶段，只有少数实力较为雄厚的大企业（如上市公司）将绿色环保纳入战略层面，并编入每年的社会责任报告当中，在“环境保护与可持续发展”栏目中进行报告。因此，本书选择的案例企业为连续三年发布了社会责任报告，并在报告中设置了“环境保护与可持续发展”栏目的上市公司。②案例企业的代表性。本研究的一项重要内容为制度环境对企业实施绿色创新的影响，为此所选取的案例企业应该具有受到社会舆论压力较大、公众关注较多、政府政策和法律管制较频繁等特征。上市公司刚好具有上述这些特征，相对其他企业，上市公司更能深刻感知制度环境所施加的压力，因而更具代表性。同时，根据 Yan 等(1994)的研究，本书在选取案例企业时还考虑了行业和地区的分散性，包括金融、能源、医药、制造和通信等行业，分布在上海、深圳、成都、武汉等四个地区，充分考虑了东西部地区的平衡性。③为了更好地进行交叉验证和多源比较，本书参照 Yin(2003)的观点，所选取的案例企业在绿色创新实践方面具有明显的差异性和层次性。

另外，考虑到被调研企业的要求，并参考已有相关研究的操作方法（刘雪峰等，2007），本书未将企业名称实名化，而以英文字母代码的形式代称，如表 3－1 所示。

表 3－1　案例企业简介

企业编号	所在行业	企业性质
A	工程机械制造	民营上市公司
B	汽车制造业	国有上市公司
C	化学原料及制品制造	国有上市公司
D	船舶及海洋工程装备	国有上市公司
E	轨道交通装备	民营上市公司
F	医药制造业	民营上市公司

二、数据来源和收集

本书在案例数据的收集过程中采取多来源数据综合法，通过多种资料源的搭配补充来提高研究的信度和效度。这些数据和资料主要通过两个渠道获取：访谈和上市公司相关文本资料。访谈的优点在于，可以揭示社会现象的复杂性和潜在变量间的内在关系，不仅便于获得相关资料信息，而且便于将访谈者所提供的资料进行纵横双向对比并总结出异同点，同时还有利于研究者通过访谈者的语气、语调等推知其隐藏信息；文本资料具有可记录性和数据的可分析性特点，便于研究者获取整体系统的信息。

与上市公司相关的文本资料主要包括公开的致股东信件、公司年报、公司披露的社会责任报告、社会议题管理档案、中国社会科学院经济学部企业社会责任研究中心发布的历年中国企业社会责任研究报告、润灵环球（北京）咨询有限公司发布的企业社会责任评级报告等。通过仔细研读和分析这些文本资料中与企业绿色环保相关的记录，试图全面系统地了解案例企业对来自外部制度合法性的反应（包括高管团队的理解、重视程度等）和战略决策中关于绿色环保的议题，以及企业采取的绿色创新活动，同时了解企业有哪些主要的利益相关者，并检查近3年来企业所开展的绿色环保活动以及这些活动是否改善了企业与利益相关者的关系质量。研究中所涉及的上市公司文本资料均收集自上海证券交易所网站、深圳证券交易所网站、巨潮资讯网、证券时报网数据库、润灵环球A股上市公司社会责任评级报告数据以及中国上市公司社会责任研究中心数据等。

在访谈阶段，采用的是面对面访谈方式，著者在2018年9月至12月期间完成了6家上市公司的访谈。访谈人员为著者本人和另外一名企业管理专业的副教授，每次受访人员1名，访谈时间都在一小时左右。在面对面交流时，时间充裕，访谈者能根据受访人员的反应灵活对话，深入挖掘更多的信息。访谈过程中，在征得受访者允许的情况下，对访谈进行了录音，并在访谈结束后的24小时内进行整理，形成详细完整的访谈文件。所有受访者谈话开始、结束的程序和提问的问题都依照同样的顺序，依照这种事先设计好的访谈提纲保证了所采集信息的可靠性和可比较性。在每次访谈时，访谈者首先向受访者解释研究的目的和意义，并要求受访者如实交谈，然后按照访谈提纲逐项展开。我们先收集受访者本人及公司的背景材料，然后要求受访者描述企业对来自外部制度合法性的反应，包括高层管理者的理解、重视程度、在与企业决策相关的活动中花费多少时间来讨论绿色环保相关的议题、企业采取的措施，并从知识管理层面介绍近3年来企业开展了哪些绿色创新活动，取得了哪些绿色技术专利，以及这些活动是否获得了利益相关者支持。

将以上两种方式收集到的资料全部通过NVivo软件进行处理，形成案例研究资料库，进而为下一步的数据编码分析做准备。

三、数据分析

本书将借助扎根理论对案例企业中的各类文本资料进行深入分析。作为案例分析中常用的研究方法，扎根理论的核心思想是通过植根于组织实践和复杂现实中的对以事实为基础的、可观察的定性资料进行解读，从而构建和开发理论（Neuendorf，2002）。基于扎根理论的文本资料编码方法一般包括三个步骤：首先，通过开放式编码将资料中的分析单元进行分类（category）和归属，形成相应的概念和范畴；其次，通过主轴编码将这些概念和范畴进行组合，形成新的关系和核心范畴；最后，通过选择性编码将这些范畴联系起来，勾勒出初步的理论框架。本书将按照这三个步骤构建制度环境对企业绿色创新实践，以及该实践对利益相关者支持的初步影响机理模型。在编码的过程中，参考 Yin（2010）和陈晓萍等（2008）的研究，按照多案例研究中逐项复制的要求展开分析：首先，进行详尽的案例内研究，即分析单个案例企业的资料，形成相应概念和范畴并勾勒出它们之间的关系，并构建原始理论；其次，将这一理论推演到后续案例，充分发掘变量间的联系，并根据具体分析情况进行修订和完善；最后，将这个过程反复进行，求同存异并最终形成稳定的关系模型。

（一）开放式编码

本书的分析以句子为单位。为了更好地分析文本资料中每句话的内容，本书首先结合理论分析进行开放式编码。按照前文的理论回顾，使用定性数据分别对样本企业文本资料中关于制造企业绿色创新活动、制度环境、高层管理团队注意力，以及利益相关者对企业支持情况的描述进行译码、分析与评估，形成初步的概念和范畴，为下一步深入分析变量间关系奠定基础，如表 3-2 所示。

表 3-2　开放式编码形成的概念及范畴

编号	范畴化	案例资料中提取的概念
1	规制合法性	C05 目前，公司已经了解到国家在北京、上海等地设立了碳交易试点，且将全面开征碳税提上了议程，这就预示着未来市场上的所有企业都会纳入碳市场体系，并承担减排责任。 A09 由于在清洁生产和碳排放水平方面，国内暂无强制性的法律法规，同时发达国家在上述领域的技术与设备十分昂贵，因此公司没有引进与开发清洁生产和末端治理技术的战略。

续表

编号	范畴化	案例资料中提取的概念
1	规制合法性	A13 在设计碳排放相关标准和政策时，政府需要考虑国内制造企业的技术水平，拟定相对公平又经济的碳排放指标，以保证企业既能达到标准的要求又能获得合适的利润。 A14 产品质量严格遵循 ISO 8528、BS 4999、BS 15000 及欧盟 CE 认证等标准，并通过 ISO 9001 国际质量认证和 ISO 14001 国际环保认证。 A12 绿色技术的研发需要公司巨大的资金和人才投入，公司短期内难以吸纳到所需资金，因此我们希望政府能为绿色技术研发提供补贴。 A10 如果政府能够为实施绿色创新的公司提供更加优惠的税收政策，则会有效地激励公司进行绿色环保技术的研发。 A11 公司如果进行清洁生产与降低碳排放，需要更换和改进相应技术和设备，这是一笔很大的投入，因此，如果有很多的融资渠道，就能激发更多公司实施绿色创新。 B04 如何让消费者了解到公司的哪些产品采用了绿色环保技术，除了企业自身的营销策略外，政府也应该在绿色产品的推广上提供实质性的帮助。 B06 我们认为，合作研发是实施绿色创新最有效的方式。因此，政府近年来所搭建的技术合作平台给公司提供了强大助力，我们与中科院的绿色环保研发项目取得了很好的效益
2	规范合法性	A02 公司准备在今年获得中国环境保护产业协会的 CCEP 认证，并在 5 年内获得绿色之星认证。 A03 公司的治污水平已经达到了本行业协会的规范要求，并于 2017 年在废气排放的除尘脱硫方面获得了 3 项行业一级认证以及 5 项行业二级认证。 C07 2017 年，公司在废水处理技术上获得了 9 项行业一级认证，在清洁生产技术上获得 8 项行业二级认证。 A04 在评选中国 500 强企业方面，中国制造企业协会设置的评价指标体系主要集中在财务指标和市场指标上，对于绿色环保指标涉及非常少。只有提高绿色环保指标的比重，才能对制造企业绿色创新有更大激励。 B06 公司每年都会参加由中国环境保护产业协会主办的“中国国际环保展览会”

续表

编号	范畴化	案例资料中提取的概念
3	认知合法性	C08 近年来，消费者对于绿色环保、个人健康方面非常敏感，绿色产品的需求日益增大，因此进行绿色创新、提供绿色产品能够帮企业扩大市场份额。 A08 消费者目前的环保意识非常强，那些达到了绿色环保标准的产品会受到消费者特别的青睐，而未达标的产品可能会被举报，因此长期而言，绿色产品的商业价值非常高。 A07 随着市场对绿色环保产品需求的增加，公司会在绿色技术研发上投入更多资源。 A05 我们的供应商正在逐步启用绿色环保设备，提供的零部件也比较环保，这样间接提升了我们公司产品的绿色环保技术含量。 D07 联盟内大部分公司都获得了 ISO 14001 环境管理体系认证，少部分企业还获得了中国环境保护产业协会的认证标准，这些企业给了我们很大压力，迫使我们需要在未来几年内拿到上述认证。 A04 现阶段，我们公司风能电机组装机容量的比例占到 12%，未来两年内，公司清洁能源发电机装机容量占比将提升至 25%。 D08 目前船舶制造业产能严重过剩，其污染严重，许多小型的船舶设备和造船厂的生产制造过程能耗大，污染治理技术落后，并面临破产，部分中大型船舶制造公司实际上已经是僵尸企业，因此整个行业急需改进生产设备和制造工艺。 C07 由于目前市场上产品同质性非常严重，因此一些企业开始将“绿色环保产品”作为差异化的竞争战略
4	高管的注意力聚焦策略	A15 为应对日益严重的自然环境破坏问题，整个行业将生产过程和产品的绿色环保提升到了前所未有的高度，公司如果再不重视绿色创新，将会面临被淘汰的风险。 D14 为了引入先进的污染治理技术，公司高层重点关注了行业内的几项排污技术，并与 R 公司建立了合作研发关系。 A16 现在公司对于节能降耗相关领域的专利非常感兴趣，并积极地与两家企业接洽，打算从他们手中购买相关专利
5	高管的注意力分散策略	C12 我们公司作为橡胶制品业，现在市场上减少生产设施污染排放的技术较为零星和发散，因此我们打算广泛收集相关技术和专利，积累足够知识后自主研发。 B12 公司高管层非常看重企业的低碳发展，将打造绿色生产零排放作为企业发展愿景，希望通过“转变理念”“调整结构”“创新技术”“细化管理”四部曲实现节能减排

续表

编号	范畴化	案例资料中提取的概念
6	原有技术领域间的知识耦合	B17 我们公司主要提供电信网络、IT 基础设施架构等领域的端到端的解决方案。公司 2014 年以前的绿色创新技术研发主要集中在无线通信网络和无线移动通信两个技术领域中，进行设备生产环节的节能降耗技术研发
7	新旧技术领域间的知识耦合	C16 2016 年，我们公司为了进入新的绿色环境技术领域而开始进行研发布局。在产品设计上，通过引入人工智能技术，并将其与公司原有的数据存储技术进行整合，能够使得我们设计出领先市场的绿色通信设备
8	多样化知识基础	F20 公司目前实施的是以医疗器械为主营业务的相关多元化战略，业务和产品涉及生物化学产品、生物试剂、生物四技服务、仪器仪表、电子产品和化工原料。公司为了支持上述领域的业务，储备了相当广泛的知识库，涉及不同技术领域的专利
9	专业化知识基础	E21 公司目前在轨道交通装备领域积累了精深的技术知识，公司 90%的发明专利都与轨道交通相关。同时，公司有多项技术创新项目获得了浙江省科技进步奖
10	高知识距离	A22 公司所在的创新联盟中，各成员企业所拥有的技术与知识基础差异程度比较高，在合作创新中容易获得多样化的知识
11	低知识距离	B23 公司所在的创新联盟中，各成员企业所拥有的技术与知识基础较为相似，存在较大重叠
12	紧密网络	A23 公司与联盟内各成员企业的联结与交流非常频繁，联盟内各企业对彼此的技术特点较为熟悉，大部分企业间都经常展开合作研发。公司 60%的绿色环保项目都是通过与成员企业合作研发产生的
13	松散网络	C22 公司与联盟内各成员企业建立起了松散而广泛的联结关系，与各成员企业合作创新的层次较浅，交流频率不高

续表

编号	范畴化	案例资料中提取的概念
14	制造企业绿色创新	A25 公司目前有工业废气处理设备 9 台，处理水平为 4.7 万立方米/小时，未来两年有望达到 6.8 万立方米/小时；污水治理设备 13 台，治污水平达到 1441 吨/日。 A26 2017 年，公司科技成果转化率有较大提升，每年转化率增长在 6.8%左右。 A27 根据世界知识产权组织推出的国际专利分类绿色清单，公司现有绿色专利 15 项，在研绿色创新项目 100 多个。 B24 去年公司绿色环保类产品的销售额占比达到 31%，比前年提高 37%。 B25 公司在去年引进了环境管理体系，全面优化了公司的采购、生产、运营、管理和销售，并将环境绩效纳入公司考核体系。 C23 公司目前从德国引进了 312 台绿色环保生产设备。 C25 公司从日本引进了用于清洁生产与末端治理的“零污染”技术，采用 MBR 技术（membrane bio-reactor，膜生物反应器）对废水进行镀膜、浓缩与蒸馏，目前可进行生产废水处理 1800 吨/日。 D24 公司目前采取了新的排污循环系统，可以在排污的同时减少能源消耗，每年煤炭消耗节约 84%
15	沉淀性冗余资源	B29 公司投资 200 余万元引进美国清洁生产设备，满足市场对于无内胎全钢胎的环保需求。 B28 公司还有一批专业技术人员尚未接受绿色环保技术培训，无法投入绿色技术研发中
16	非沉淀性冗余资源	D30 近年来国内外船舶市场需求不断萎缩，企业内部的留存收益难以支持企业在研发上耗费大量资金。 C29 目前公司的部分研发项目获得了银行贷款，这为我们开发绿色环保技术提供了资金保障
17	内部利益相关者支持	A30 公司近年来不断完善公司治理结构，并建立了畅通的内部沟通渠道以及各级管理者参与决策程序，因此获得了股东信任、员工支持，在价值观上达成共识
18	外部利益相关者支持	A32 公司与供应商、商业伙伴来往密切，保持着良好的关系；公司诚信经营，承担绿色环保责任，获得客户信任与支持
19	公众利益相关者支持	D31 公司积极响应政府的绿色环保倡议，开展绿色创新实践，政府愿意将采购项目委托给公司，并在各方面给予公司支持；同时也获得了社区支持和媒体赞誉

(二)主轴编码

主轴编码的作用主要通过类似聚类的逻辑思路将前一阶段编码后形成的副范畴和概念连接在一起，整合成主范畴(周江华，2012)。经过主轴编码的过程，本书获得了以下八个大类的主范畴：规制合法性、规范合法性和认知合法性形成了制度压力的主范畴；内部利益相关者支持、外部利益相关者支持和公众利益相关者支持形成制造企业与利益相关者支持的主范畴；高管对绿色创新的认知和关注注意力聚焦策略和注意力分散策略形成高管在绿色创新上的注意力配置策略的主范畴；原有技术领域间知识耦合、新旧技术领域间知识耦合形成知识耦合的主范畴；多样化知识基础和专业化知识基础形成知识基础的主范畴；高知识距离和低知识距离形成知识距离的主范畴；紧密网络和松散网络形成网络密度的主范畴；沉淀性冗余资源和非沉淀性冗余资源形成冗余资源的主范畴；制造企业绿色创新形成了制造企业绿色创新的主范畴。如表 3-3 所示。

表 3-3　主轴式编码

编号	主范畴	副范畴	范畴内涵
1	制度压力	规制合法性	政府出台的相关环保法律法规、监督管理与认证标准等强制性规定；政府颁布的与企业绿色创新相关的税收优惠和补贴政策等经济型激励政策；政府为扶持企业绿色创新开展的各项宣传推广活动、制定的融资政策以及搭建的技术创新平台和产业园区等
		规范合法性	行业协会等机构制定的环保资格认证等标准和要求；行业内企业的环境行为形成的象征系统
		认知合法性	可以归纳为制度环境中的道德模板和认知模式，包括市场压力、行业内标杆企业的环境行为形成的榜样作用以及绿色创新的收益；消费者和供应链上下游企业对环保产品的关注、认可和购买需求；社会文化、风气、价值观与生活方式都以低碳为理念
2	高管注意力配置策略	注意力聚焦策略	企业高层管理者将注意力聚焦到网络中某些特定的组织上，并处理来自这些特定组织的与绿色环保相关的知识，注意力聚焦策略是一种深度知识搜索的方式
		注意力分散策略	企业高层管理者将注意力尽可能地分散到所接触到的各种知识和知识源上，将其注意力大面积地分配到与之有联结关系的组织上，并广泛地获取由这些组织提供的与绿色环保相关的知识和信息

续表

编号	主范畴	副范畴	范畴内涵
3	知识耦合	原有技术领域间的知识耦合	企业通过在现有技术领域之间进行知识耦合来改变知识基础，称为原有技术领域间的知识耦合，如在现有技术领域间建立新的知识耦合关系、削弱或强化知识耦合程度
		新旧技术领域间的知识耦合	企业进入以往没有涉及的全新技术领域，并在新技术领域与原有技术领域间进行知识耦合，称为新旧技术领域间的知识耦合
4	知识基础	多样化知识基础	多样化知识基础指企业所拥有的知识领域的广度，体现了企业知识基础的横向维度
		专业化知识基础	专业化知识基础反映知识的垂直维度，即企业在特定技术领域内的知识积累、熟练和专业程度
	知识距离	高知识距离	联盟成员企业间的知识基础相似度低、差异性大
		低知识距离	联盟成员企业间的知识基础存在较大重叠、相似度高
5	利益相关者支持	内部利益相关者支持	制造企业通过绿色创新和绿色实践，获得股东信任、各级管理者和员工的支持
		外部利益相关者支持	制造企业通过绿色创新和绿色实践，获得供应商依赖、商业伙伴来往密切、客户信任支持，以及债权人的优惠政策，如较低的抵押担保条件等
		公众利益相关者支持	制造企业通过绿色创新和绿色实践，获得政府的支持（如承担政府采购项目），获得政策支持，获得社区支持、媒体赞誉、公众口碑等

续表

编号	主范畴	副范畴	范畴内涵
6	网络密度	紧密网络	网络密度主要考察网络中不同企业彼此之间所建立联系的多寡，能够客观真实地反映网络内实际发生联系的企业数量在所有网络成员中的比例。如果该比例较高，说明该网络的密度较大，企业之间的联结较多；否则，网络密度较小，企业之间的联结也较少
		松散网络	
7	冗余资源	沉淀性冗余资源	更多地被用于企业生产经营活动，是流动性和灵活性较低的冗余资源，包括闲置的生产设备、加工中的产品、管理费用等
		非沉淀性冗余资源	能够被管理者任意选择和支配的冗余资源，包括现金、信用额度、可利用的社会资源等
8	制造企业绿色创新	制造企业绿色创新	绿色创新本质上是一项复杂的知识活动，涉及绿色产品设计、制造工艺、循环生产、排污处理和节能等不同技术领域的知识，并在组织内创造、整合与扩散

(三)选择性编码

选择性编码主要是按照一定的逻辑关系，系统地将核心范畴与其他范畴进行联系，验证它们之间的关系，并把概念化尚未发展完备的范畴补充完善。利用上文探索提炼出的八个主范畴，在六个案例企业的文本资料中进行系统梳理，横向比较这八个主范畴间的内在联系，主要通过对比不同企业对外部制度合法性感知程度的差异，制造企业绿色创新水平和强度的差异(如人力、物力、财力的投入等)，以及企业与利益相关者关系质量的差异，来找出相同点和不同点，挖掘出尽可能多的细节，以便总结出具有说服力的结论。通过分析，本研究的核心问题可以范畴化为外部制度环境通过企业高管的注意力配置对企业绿色创新的影响机理，以及企业绿色创新对利益相关者支持的作用机制，如图 3 - 1 所示。

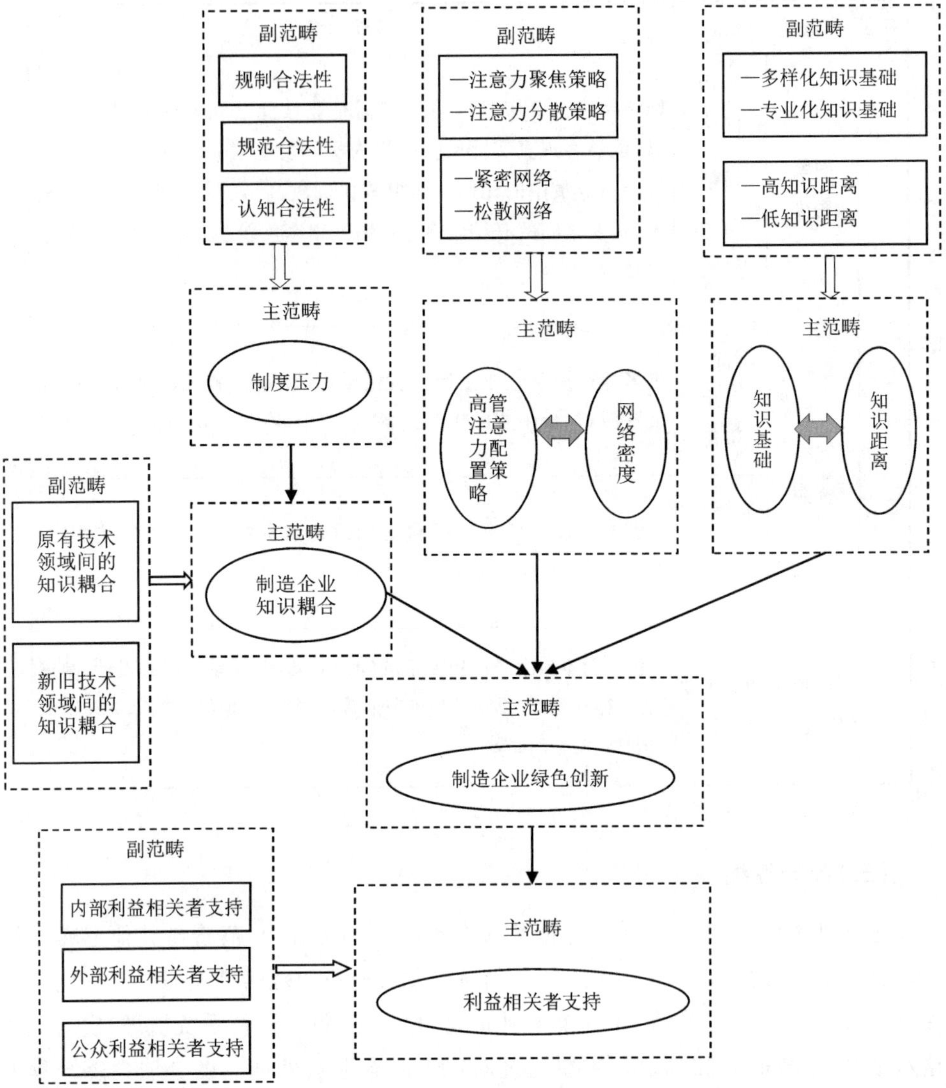

图 3-1　多案例分析提出的初始理论模型

第三节　初始命题提出与分析

通过以上对资料、概念和范畴的分析、梳理,并结合图 3-1 理论模型,可以提出如下研究命题。

一、制造企业绿色创新的多层次影响因素

（一）组织外部因素

通过基于扎根理论的案例文本分析，本书发现可以将影响制造企业绿色创新的组织外部因素划分为制度因素和制造企业所处创新联盟的因素。制度因素包括环境规制合法性、社会规范合法性和竞争模仿压力三种类属；制造企业所处创新联盟的因素主要考虑创新联盟的网络密度、联盟内各成员企业之间的知识距离。

（二）组织内部因素

通过基于扎根理论的案例文本分析，本书发现影响制造企业绿色创新的组织内部因素包括制造企业的知识基础、制造企业的知识耦合活动以及冗余资源。知识基础可以划分为多样化知识基础和专业化知识基础。知识耦合包括原有技术领域间的知识耦合、新旧技术领域间的知识耦合。冗余资源包括沉淀性冗余资源、非沉淀性冗余资源两类，其中沉淀性冗余资源更多地被用于企业生产经营活动，是流动性和灵活性较低的冗余资源，包括闲置的生产设备、加工中的产品、管理费用等；非沉淀性冗余资源是指能够被管理者任意选择和支配的冗余资源，包括现金、信用额度、可利用的社会资源等。

（三）个体因素

个体因素为高管对于绿色环保的注意力配置策略，主要是指高管对企业环境实践的认知，认同企业并参与企业活动的状态和水平，高层管理者对企业绿色创新的关注与支持程度，包括环保风险、环保收益、环保技术等。高层管理者出于社会责任和道德约束推动企业绿色创新，以减少企业行为对环境的负面影响。同时，高层管理者出于逐利动机，将绿色创新作为降低成本、增加收益的重要利润来源。通过基于扎根理论的案例文本分析，本研究发现注意力配置策略可以划分为注意力分散策略和注意力聚焦策略。

注意力分散策略是指高层管理者将注意力尽可能地分散到所接触的各种知识和知识源上。在组织间网络中，这种策略表现为，企业高管将其注意力大面积地分配到与之有联结关系的组织上，并广泛地获取由这些组织提供的知识和信息。注意力分散策略有助于企业扩大知识搜索范围，但其代价就是无法对特定的知识进行深入的挖掘和处理。注意力聚焦策略是指高层管理者将注意力聚焦到网络中某些特定的组织上，并处理来自这些特定组织的特定知识。注意力聚焦策略是一种深度知识搜索的方式，有助于企业深入挖掘、理解和吸收某些特定的知识，但其代

价是会缩小知识搜索的范围。据此,本书提出如下初始命题:

命题一:在组织外部因素层面,外部制度合法性是制造企业实施绿色创新的重要驱动力,而创新联盟是制造企业进行绿色创新的重要外部知识源;在组织内部层面,企业的知识基础、冗余资源和知识耦合活动是制造企业在知识视角下如何实现绿色创新的重要影响因素;在组织个体层面,高管注意力配置是制造企业绿色创新过程中引导企业进行信息处理、知识配置的重要决策过程。

二、制度合法性与制造企业知识耦合

通过对样本企业的研究,本书梳理出了在理论回顾中涉及的制度合法性与企业知识耦合的关系。E公司已经了解到国家和当地政府出台了一系列鼓励制造企业绿色创新的政策和规定,也感受到了社会公众对制造企业绿色创新的呼吁和期待,但是相对于样本企业C公司而言,E公司在规制合法性的认知方面过于宏观和笼统,对具体的政策和法律条款的了解不深,从而对规制方面的强制性压力感知并不强烈。另外,E公司认为行业准则和规范、非营利机构并没有对提升产品和服务质量,以及改善消费者权益起到促进作用。

在企业知识耦合方面,E公司表现得较为积极,并主要在企业内部进行自主研发,利用企业目前所掌握的知识基础,尝试将不同技术领域中的知识和技术进行组合,以创造出合适的绿色技术。例如,在混凝土机械业务上,E公司所掌握的技术主要集中在混凝土铸型、工程车辆引导系统、节能控制装置和液压变容式机械这4个领域。在2013年之前,E公司主要通过对上述4个技术领域间的知识耦合来开发应用于混凝土机械的环保技术和产品。因此这4个技术领域之间的知识耦合强度显著高于其他领域间的知识耦合强度,E公司在这些技术领域内的专利数量也明显多于其他技术领域。这种发生在原有技术领域间的知识耦合属于前文所述的第一类知识耦合。第二类知识耦合的案例表现在E公司2015年为了进入环保装备制造领域而开始的研发布局。通过进入液化天然气(liquefied natural gas, LNG)新能源的技术领域,能够使得E公司进入环保装备制造领域与市场。从2015年开始,E公司不断将原有技术领域(工程车辆引导系统)与新技术领域(LNG新能源)的知识进行耦合,使得这些领域间的知识耦合水平提高。

而对于D公司而言,D公司对规制合法性的感知明显偏弱,主要表现为:不重视政府在该行业中颁布的各类鼓励企业进行绿色创新的政策和法规,特别是政府对于企业破坏环境行为的处罚措施,该企业似乎并未感知到;在规范合法性方面,也没有明显感知到行业协会等非营利组织制定关于环境保护和商业伦理方面的行业标准的作用;该企业的绿色创新实践主要来自认知合法性上对同行的模仿。相应地，D公司关于绿色环保技术的知识耦合保持在中度水平，且更加倾向于与其他企业和组织进行合作研发，从新的技术领域内获得相应的绿色环保技术和知识，并试图将这些技术与企业原有的技术相结合。

研究发现，对制度合法性感知较弱的两家案例企业，其在绿色环保技术上的知识耦合也不高，这一发现与Husted(2007)、Mitchell(1997)关于制度合法性与知识耦合的关系类似，也验证了一些学者提出的政府和非营利组织对于企业绿色创新具有促进作用的观点。还有一些学者提出，经济因素可以视为企业实施绿色创新的“工具性”因素，而外部环境(如制度)因素则在很大程度上可以视为“规范性”因素，即企业在这些因素的影响下被迫实施绿色创新。上述的逻辑思路也表现在本书案例分析中的C公司上。该公司对规制合法性(法律法规)、规范合法性(行业准则)和认知合法性(参照同行的做法)的高度感知促进了企业在绿色环保技术上高水平的知识耦合，且无论是在原有技术领域间的知识耦合，还是将新技术领域的知识与原有技术领域的知识相整合，都表现得较为积极。据此，本书提出如下初始命题：

命题二：当外部制度合法性中包含了对企业绿色环保行为的规制、要求和期望，会促使其在绿色环保领域进行知识耦合，即外部制度环境能够影响企业在绿色环保技术上的知识耦合。

三、知识耦合与制造企业绿色创新

根据案例数据的整理结果，A公司在绿色环保领域的知识耦合处在中低水平，并主要集中在企业本身所掌握的末端治理相关的技术领域。A公司采取减少环境污染物产生量，同时改进污染治理装备和设备的做法来减少环境污染。在末端治理技术上，根据污染排放物的浓度、成分和温度以及生产情况等，将末端治理领域的多种技术进行整合，研发出若干新型的末端治理技术。例如，循环脱附分流回收吸附技术可以将有机气体的精化回收率提升至95%；冷凝与变压联用吸附技术能够克服单纯冷凝技术在应用过程中能耗大、成本高的弊端，并弥补单纯吸附技术在应用过程中设备体积大、运行温度高、吸附材料长期运行后失活等问题；沸石轮转与储热燃烧技术可将热回收效率提升至93%～95%。

但是，末端治理往往不是彻底治理，是问题发生后的被动做法，因此不可能从根本上避免污染发生。末端治理随着污染物减少而成本越来越高，在相当程度上抵消了经济增长带来的收益。另外，末端治理趋向于加强而不是减弱已有的技术体系，从而牺牲真正的技术革新，因此A公司的知识耦合绝大部分都发生在原有的技术领域，很少能将新技术领域与原有技术领域的知识进行耦合。研究还发现，末端治理使得A企业满足于遵守环境法规而不是去投资开发污染少的生产方式。

与企业知识耦合程度相对应的是，该企业在绿色创新实施方面表现出中低水平。企业近几年申请的绿色专利数量保持在10项左右，且主要集中在末端治理方面，如废水处理、烟气脱硫等；而在清洁生产、节能降耗和绿色工艺方面，企业所研发的技术成果十分稀少。同时，润灵环球连续三年对该公司社会责任报告中关于“环境保护与可持续发展”的评分也在68至77分之间，与本研究的分析结果基本一致。

另外，在C公司的案例分析数据中，也能发现相似的逻辑关系。C公司知识耦合保持了较高的水平。例如，公司原有的绿色环保技术主要集中在清洁生产方面，采用少废、无废的生产工艺技术和高效生产设备；减少有毒有害原料的运用；减少生产过程中的各种危险因素和有毒有害的中间产品；使用简便、可靠的操作和控制；建立良好的卫生规范、卫生标准操作程序和危害分析与关键控制点；组织物料的再循环；建立全面质量管理系统；优化生产组织；进行必要的污染治理，实现清洁、高效的利用和生产。2017年之后，公司在绿色产品设计方面引入了新技术，在产品设计之初就注重未来的可修改性，容易升级以及可生产几种产品的基础设计，提供减少固体废物污染的实质性机会。产品设计要达到只需要重新设计一些零件就可更新产品的目的，从而减少固体废物。在产品设计时还考虑在生产中使用更少的材料或更多的节能成分，优先选择无毒、低毒、少污染的原辅材料替代原有毒性较大的原辅材料，防止原料及产品对人类和环境的危害。经过比较可以发现，C公司的知识耦合水平远高于A公司，关注点更多、范围更广。与此对应，C公司的绿色专利和技术也达到了中高水平。

因此，从以上的逻辑关系中不难发现，企业在绿色环保领域的知识耦合程度越高，那么企业绿色创新效果也越好。这也与有些学者的知识基础观理论的观点一致，企业在不同领域内知识耦合程度越高、越频繁，新知识创造成功率也越高，因此在绿色环保领域的高强度的知识耦合有利于制造企业绿色创新。据此，本书提出如下初始命题：

命题三：当企业高层管理团队把更多的注意力分配到与绿色环保相关的议题中时，这些议题进入公司决策程序的可能性就会增加，从而企业采取相应行动的可能性也会提高，即企业高管团队在绿色创新上的注意力配置能够影响企业绿色创新实践。

四、制度合法性与企业绿色创新

对于制度合法性与企业绿色创新之间的关系，从案例分析的数据中可以发现，法律法规和政府政策是A公司感知的主要制度合法性源，如对环境保护的投入、节能减排的要求。但是，该企业没有意识到非营利机构对于企业绿色环保的要求，以及行业规范在企业绿色创新上的规定。而C公司与此形成了明显的对比，C公司深刻地感知到了政府政策和法律法规关于企业绿色环保的压力，同时也认识到行业准则的规范作用，以及社会公众、媒体对企业环境保护的呼吁和监督压力，重要的是行业中的标杆企业的绿色环保产品无形中对该企业形成一种同构压力，促使该企业模仿这种行为。与企业感知到的制度合法性相对应，案例企业间的绿色创新也呈现出明显的差别。A公司在末端治理方面的技术研发表现较好，但在清洁生产、绿色产品设计和节能降耗方面的技术研发非常缺乏；而C公司在清洁生产、绿色产品设计和节能降耗方面的创新成果则十分丰富。

按照相同的逻辑，对案例企业中其他四家企业的分析也能够发现与之类似的关系。本书案例分析中所呈现出来的证据线索与新制度理论中关于制度合法性与组织行为关系的理论框架基本相同。正如Tan(2009)所指出的，像发展中国家这样的新兴经济体，制度不完善是阻碍企业实施绿色创新的关键因素。胡美琴等(2008)的研究显示，制度合法性能够深刻地影响企业的绿色管理战略，在对合法性的追求下，企业会根据制度环境的变化做出差异化的战略选择。因此，通过本章的多案例分析结果，A企业和C企业对于制度环境中规范合法性和认知合法性的认知差异导致它们在合法性追求上的不同，最终表现出不同的绿色创新行为。据此，本书提出如下初始命题：

命题四：在外部制度合法性下，企业迫于对组织合法性、道德合法性和关系合法性等的需求，进而实施绿色创新，即制度合法性能够影响企业绿色创新行为。

五、企业绿色创新与利益相关者的关系质量

通过对案例数据的整理和分析，发现B、D企业绿色创新效果都处于中低水平。对于B企业，绿色创新实践主要体现在以下几个方面：①在生产运营上，该企业建立了较为完善的安全与环境管理体系，加强了安全生产和清洁生产的基础管理，并强化了源头控制和过程监管，提升了安全工作和绿色管理水平；②在市场服务上，企业能持续有效地为市场供应绿色能源，不断优化布局结构，加快管网建设，并拓展国际合作；③在员工发展和保障上，坚持以人为本的员工发展方针，保障员工权益，并促进员工职业健康，搭建了员工成长平台。D企业的绿色创新侧重于质量安全、节能降耗两方面，在对内部员工的责任方面，虽然做到了安全生产和健康保障，但在员工的职业生涯规划和成长方面有所欠缺。

与之相对应，各自利益相关者对上述两个企业的支持也处在中等水平。例如，

B企业虽然能够参与政府相关部门的政策、法规、标准制定过程的讨论，贡献企业经验，并与有关部门开展战略合作，参加专题研讨会议和论坛，但在节能减排和环境保护方面却不够重视，因此与政府部门的关系质量仅为一般；同时，对于行业协会、消费者协会等一些非营利机构举办的相关论坛和会议，参与度较低；在遵守行业准则方面，也停留在表面工作的程度；在捐资助学、扶贫帮困、志愿者活动以及支持社区建设方面表现不积极，这些都导致了其与非政府组织、社区的关系质量不高。按照本书的分类，政府、非政府组织以及社区同属于企业的公众利益相关者，因此B企业与公众利益相关者的关系质量评价为中等。而B企业与股东、管理者和员工等内部利益相关者，以及与商业伙伴、消费者等外部利益相关者的关系质量维持在较高水平。总体而言，B企业与D企业情况类似，与利益相关者的关系质量保持在一般水平。与之正好相反的是，C企业绿色创新的整体表现较为突出，同时与内部、外部和公众利益相关者的关系也维持在较高的水平。因此，由案例分析提供的证据链条，本书提出以下初始命题：

命题五：企业通过绿色创新来满足各利益相关者的要求和期望，从而获取合法性并获得各利益相关者的支持，即企业绿色创新能够影响利益相关者的支持。

六、理论饱和度检验

理论饱和度检验是指在不可以获取额外数据的基础上，进一步发展某一个范畴特征，以作为采样的鉴定标准。为了检验理论饱和度，本研究对预留的两个案例企业（E公司和F公司）加以编码和分析，由于篇幅所限，这里不再列举。分析结果仍然符合前面四个样本所归纳的脉络和关系，并没有发现新的范畴与关系。因此，本研究认为图3-1所示的理论模型是饱和的。

第四节　本章小结

本章基于扎根理论，采取深度访谈（一手数据）、企业内部文本资料（内部二手数据）和外部二手数据（行业分析报告、调研报告等）形成三种证据，通过对六家上市公司的案例分析，构建了“外部制度合法性-知识耦合-制造企业绿色创新”“网络密度与高管注意力配置的交互作用-制造企业绿色创新”“知识距离与知识基础的交互作用-制造企业绿色创新”“制造企业绿色创新-利益相关者支持”等初始理论模型。根据“环境-战略决策-行为-结果”的战略管理分析框架，首先，制造企业绿色创新会受到来自制度合法性的影响，制度合法性会促使企业在绿色环保相关的技术领域内进行知识耦合，从而作用于企业绿色创新。其次，根据制造企业所嵌入的组织间网络密度情况，企业高层管理者采取合适的注意力配置策略有利于企业绿色创新；再次，制造企业与合作伙伴间的知识距离，以及制造企业本身的知识基础能够影响企业绿色创新效果；最后，制造企业绿色创新会影响利益相关者对企业的支持。因此，制造企业在绿色环保领域的知识耦合、高管注意力在绿色创新议题上配置的差异，以及各利益相关者支持情况差异的企业内部关键因素，是外部制度合法性作用于企业绿色创新与各利益相关者支持的重要渠道。从选择性编码的结果分析，整个机理过程是：企业感知到的外部制度环境压力（包括规制合法性、规范合法性和认知合法性）能够迫使企业高层管理团队把更多的注意力分配到与绿色环保相关的议题中，增大绿色创新议题进入公司决策议案的可能性，同时高管根据制造企业所嵌入的组织间网络情况，选择合适的注意力配置策略来获取绿色环保相关知识技术，并根据企业自身情况选择合适的知识耦合方式，根据企业自身知识基础情况选择知识距离合适的合作伙伴进行绿色研发；而制造企业的绿色创新又会影响到各利益相关者对其的支持情况。

以上初始命题和理论模型的提出，为合法性与知识管理视角下跨网络、组织和个体的多层次制造企业绿色创新的研究提供了案例基础，同时也为下文构建正式的理论模型，以及提出更为明确具体的研究假设提供了现实依据。

第四章　制度合法性视角下制造企业绿色创新的动因

在学术界，如何推动企业进行绿色创新一直是学者们所关注的焦点。大量的研究发现，由于绿色创新并不能够给企业带来立竿见影的经济效益，因此在一般创新中起重要驱动作用的经济动因难以解释企业的绿色创新活动（Arnold et al.，2012），相对而言，外部制度层面的因素对绿色创新的驱动作用更为关键（Horbach et al.，2012）。新制度理论认为，企业实施绿色创新的主要目的在于获取和提升组织合法性，并指出政府规制（规制合法性）、行业规范（规范合法性）和同行企业的压力（认知合法性）是推动绿色创新的关键制度因素（张天悦，2014）。尽管目前新制度理论视角对绿色创新的研究取得了丰富成果，也逐渐明确了制度合法性与绿色创新的作用机制，但相关研究仍然停留在“外部制度合法性-企业绿色创新”这种简单、机械的“刺激-结果”模式的探讨中，少有研究关注企业在制度合法性下如何行动、采取何种措施（例如利用自身的知识等创新资源）才会有助于绿色创新，即缺少战略管理经典框架“环境-反应-结果”内的中间环节。这不仅在一定程度上导致了研究结论不一致（制度合法性与绿色创新的关系存在正、负相关，U 形和倒 U 形等），而且也难以透析制度合法性与绿色创新之间的传导机制。

来自知识与创新管理领域的研究认为，企业在实施绿色创新过程中必然涉及相应知识管理活动，这也暗示了知识管理可能是其中关键的中间过程。该领域的学者普遍认为绿色创新本质上是一项复杂而系统的知识创造活动，涉及多个技术领域，因而跨越多个不同的技术领域去搜索所需的知识，对不同技术领域间各类知识元素进行整合与重构，是开展这类创新更有效的方式（Strambach，2017）。例如，毕克新等（2016）的研究显示，绿色创新涉及绿色制造工艺、循环生产、排污处理和节能等不同技术领域的知识在组织内创造、整合与扩散的过程，因而跨越技术边界和组织边界的知识整合会比只在单一技术领域内整合知识元素更容易实现绿色创新。因此，正如 Strambach（2017）所指出的，想要更好地理解知识与绿色创新之间的关系，除了研究各类知识整合、重构等知识相互作用与创新的关系外，更重要的是了解这些知识相互作用的动态变化对于绿色创新的影响机制。Strambach 所提到的这种不同技术领域间知识的相互作用及其动态变化被一些学者定义为“知识耦合”。因此，当研究制度合法性与企业绿色创新之间的传导机制时，关注知识耦合在其中所发挥的作用，是一条值得考虑的研究思路。通过探讨不同类型的制度合法性对企业知识耦合的作用机制及影响上的差异，有助于学者们破解制度合法性与绿色创新之间的黑箱。

以往相关研究基本上是在静态视角上探讨制度合法性对绿色创新的影响，而在时间维度上，不同的制度合法性来源对绿色创新的影响随着时间的推移会发生怎样的变化，现有文献鲜有涉及。一些学者建议，从动态变化视角探讨制度合法性对绿色创新的影响机制有助于揭示不同制度工具的时效性，从而为政府等有关部门进行政策制定提供有针对性的参考和理论依据(Berrone，2013)。

针对上述研究现状，本书综合运用新制度主义理论、知识与创新管理相关理论，探讨制度合法性、知识耦合对企业绿色创新的影响机理，并进一步考察知识耦合在其中的中介作用，以及制度合法性对绿色创新影响的时效性。同时，从动态变化视角构建制度合法性、知识耦合与绿色创新的理论模型。

第一节　理论假设

新制度理论认为，外部制度层面的因素对企业绿色创新的驱动作用更为关键，并指出政府规制(规制合法性)、行业规范(规范合法性)和同行业企业压力(认知合法性)是推动制造企业绿色创新的关键制度因素(Horbach ct al.，2012)。

组织社会学的新制度主义理论主要利用“同构”(isomorphism)和“合法性”机制来解释企业的同质性行为，并认为在制度合法性作用下，企业为了能够从嵌入的制度环境以及利益相关者那里获得支持和资源，会采取那些在场域中得到制度承认的组织架构、政策和行为以获取和提升合法性，而这种追求合法性的行动最终导致了处于相同环境的企业产生趋同现象，即制度环境对组织的形塑作用(Dimaggio et al.，2000)。目前，学者们主要将这些合法性机制划分为规制、规范和模仿三类。

对于企业绿色创新而言，规制合法性来源于对企业合法性有裁决权力的组织(一般是政府和监管机构)所施加的各种强制性压力，包括行政指令、强制要求或法律法规等(Murphy et al.，2000)。规范合法性源于企业的重要外部利益相关者，如专业化组织(行业协会、学术机构等)、客户和供应商所施加的行业标准、规范和社会期望等(Porter et al.，1995)。认知合法性源于企业为了保持自身竞争优势，应对由行业内龙头企业或竞争企业所带来的竞争，而采取的模仿学习行为(Li，2014)。学者们的研究发现，制度合法性是企业开展绿色创新的重要驱动因素。

Jayaram 等(2013)利用制度理论解释了制度对企业环境管理实践的影响，认为在外界对环保的呼吁和压力下，企业将通过展现出良好的环境绩效来获取合法性。魏泽龙等(2015)指出，在国家提倡绿色发展的背景下，企业为了获得市场合法性和政策合法性会设法提升自身的绿色创新。Marchi(2012)研究认为，在政府的环境规制下，企业会对生产方式进行变革，通过加大生态创新投入、改良工艺流程等提升绿色创新效果。彭雪蓉等(2015)指出，企业采取绿色环保措施的驱动力可归为三个方面，即获得政府合法性支持、提升企业市场声望和建立竞争优势。

一、制度合法性对制造企业绿色创新的影响

(一)规制合法性对制造企业绿色创新的影响

就企业绿色创新而言，规制合法性可视为政府将绿色环保设定为评价企业合法性的关键标准，并通过相应的强制性环境规制手段，如对特定行业制定污染防治指标并定期监督，制定环保法律、行政命令和奖惩措施等，对企业施加合法性压力。规制合法性被学者和业界人士认为是推动企业进行绿色创新最关键的外部强制性压力(De-Villiers et al.,2014)。大量研究显示，企业为获取合法性，通常会积极展开绿色创新以服从和满足相关的环境规制。Fong 等(2012)指出，政府制定的环保法规是企业实施绿色创新的主要驱动力，其逻辑在于企业为了规避来自政府部门的警告和惩罚。Zeng 等(2011)通过考察中国的中小企业，发现政府基于经济的优惠政策能够在一定程度上补偿企业绿色创新成本，是中小企业绿色创新的主要驱动力。Frondel 等(2017)发现税收政策、技术标准等会正向影响企业在末端治污技术上的创新。Rennings 等(2011)指出，政府排污税、排污许可证都对企业绿色创新有促进作用，但作用机制存在差异，并建议政府在使用环境规制工具时应充分考虑其适用性。

然而，随着时间的推移，政府环境规制对制造企业绿色创新的影响会逐渐减弱。短期内，制造企业会将绿色创新视为产生额外成本的负担，但为了满足政府环境规制的要求，一方面，企业会通过加大技术创新的研发力度，提高产品的绿色技术含量，利用更为先进的技术来提升产品的环保水平，从而减少治污支出，最终降低绿色产品的生产成本；另一方面，企业也会抽离部分利润经费来增加治污开支实现末端治理，即通过更多的投资来满足排放的标准和额度，其目的是满足合法性而非追求竞争优势，但额外污染治理会挤占绿色技术研发的投入。从长期来看，随着制造企业在治污技术上的持续投入，企业的绿色环保技术能够达到环境规制的环保要求，同时，由于技术的提高增强了单位治污支出的治理效果，使得企业只通过在末端的治污支出也能达到较好的污染治理效果，因此，这时企业就会开始减少对

于绿色技术的研发。随着时间推移，如果没有后续政策的跟进，规制合法性对企业绿色创新的影响会逐渐减弱。据此，本书提出以下假设：

假设4-1： 规制合法性对制造企业绿色创新有正向影响作用，但这种影响效果随着时间的推移而减弱。

（二）认知合法性对制造企业绿色创新的影响

认知合法性主要是指企业对同行业内其他企业的认知和理解并由此产生的模仿行为（Li et al.，2013）。由于社会网络中的组织和个人具有嵌入性特征及模仿其他网络成员的倾向（Henisz et al.，2001），因此当市场的复杂性与不确定性很高时（如消费者对环保产品的需求不确定性、环保技术不确定性等），企业更倾向于采取最为稳健的策略，即模仿行业内标杆企业的战略，并在模仿外部环境中其他组织“最佳实践”的过程中获得合法性。例如，当行业内标杆企业的合法性和竞争优势由于其绿色创新活动而获得提升时，便会对焦点企业造成合法性压力，这时焦点企业会设法模仿和学习其他企业的绿色创新活动，以保持自身的合法性和竞争优势（彭雪蓉 等，2015）。另外，标杆企业的绿色环保实践能够使其更容易获得政府的支持以及市场上消费者的认可，焦点企业为了能够享受同样的支持和机会，也会采取类似的绿色创新实践（Hofer et al.，2012）。Zhu 等（2004）通过对中国制造业的调查发现，来自行业中标杆企业和竞争对手的模仿压力是促进企业进行绿色环保创新的重要因素。Ge（2014）的研究也支持同样的观点，随着市场上消费者对环保的诉求日益强烈，提供高质量绿色环保的产品和服务将逐渐成为竞争优势的重要来源，从而使得制造企业会互相模仿行业中较为成功企业的绿色创新行为。当绿色创新逐渐成为竞争优势来源时，许多企业会将绿色创新作为一种差异化战略来指导生产和服务，甚至是塑造环保方面的声誉。

但是，与规制合法性的影响机制不同，认知合法性对制造企业绿色创新的影响并不会随着时间的推移而减弱。按照认知合法性的作用逻辑，企业采取绿色创新的动因主要在于想通过维持相对合法性来获取竞争优势。而焦点企业对竞争者感知而带来的模仿压力一般又具有不确性，因此一般情况下当企业感知到竞争对手在绿色创新方面的压力后，并不会马上模仿竞争对手，而是会观察其绿色创新在市场上的反应，只有当这种绿色创新获得市场认可后，企业才会去模仿。并且，Dai 等（2015）的研究显示，在认知合法性下，企业会持续地关注并跟踪竞争对手绿色创新实践、环保技术变化趋势和产品市场需求转变，以此来及时判断和挖掘自身的绿色竞争力。因此，由认知合法性所导致的企业绿色创新实践在较长的一段时间内都不会减弱。据此，本书提出以下假设：

假设 4-2： 认知合法性对制造企业绿色创新有正向影响作用，且这种影响效果会持续较长一段时间。

（三）规范合法性对制造企业绿色创新的影响

规范合法性是社会或行业中的一套共享的价值观体系和行为准则。其施加主体一般为各类非政府组织，如行业协会、工会和环保非营利性组织等，以及与企业有密切联系的市场组织，如供应商、分销商等。作为社会合法化的一种形式，按照行业规范、标准和期望来行动的企业容易获取行业内利益相关者的认可。Zhu 等（2004）指出，规范合法性之所以能够显著推动企业采取绿色环保相关行动，一个重要的原因在于绿色环保行为可以帮助企业提升合法性水平，因此，获得合法性是企业绿色创新的主要动力。Zhang 等（2018）研究发现，环保组织的呼吁与环保准则对企业绿色创新有显著影响。Lewis 等（2014）的研究显示，供应商的环保意识和环保实践会促使制造企业采取绿色环保行为。

另外，市场上消费者的环保意识日益提高，对绿色环保产品的需求不断增加。在这种背景下，企业通过绿色创新而开发的绿色产品不仅可以获得消费者的认可，扩大市场份额，也能够改善企业形象。因此，满足消费者的环保需求也有助于制造企业获得规范合法性。据此，本书提出以下假设：

假设 4-3： 规范合法性对制造企业绿色创新具有正向作用。

二、知识耦合的中介作用

（一）原有技术领域间的知识耦合对绿色创新的影响

由于绿色创新需要整合来自多个技术领域的知识，因此当企业在原有技术领域间的知识耦合程度较低时，会产生一些不利于绿色创新的后果。首先，由于企业目前的成就一般都是建立在生产制造领域相关的知识体系基础上，当在原有技术领域间的知识耦合程度不高时，容易使其沿着原技术路线进行创新，并导致强烈的路径依赖（Cohen et al，1990）。在路径依赖效应下，在原有技术领域的知识耦合所带来的知识基础变化不足以突破现有的技术路线和研发流程，难以达到绿色创新所需的要求（Lin et al.，2011）。其次，在原有技术领域间较低程度的知识耦合往往只是对原有知识基础的局部改变，产生相似的技术，而绿色创新往往要涉及新的技术领域，因此其难以满足绿色创新关于环保节能的要求。Strambach（2017）的研究也表明，企业仅仅利用内部知识进行研发，可能很难达到绿色创新要求的知识基础重大变革。再次，即使是低程度的知识基础的变化也会在一定程度上对原有的生产制造流程做出改变，使得企业需要协调拥有不同技术背景的工程师、技工和研发人员间的知识转移，整合不同的技术知识等（Nickerson et al.，2004）。上述这些活动会伴随许多管理上的限制，导致整合、沟通与协调成本增加（Jayaram et al.，2013）。这些都容易降低绿色创新的效率，增加失败的概率。

但是，随着企业在原有技术领域间知识耦合的逐步深入，则会对绿色创新产生积极影响。首先，绿色创新不仅要追求市场成功，还要更多地考虑政府、消费者等利益相关者对于环保的要求，因此对现有的知识基础展开一定程度的调整或重构是非常必要的。而在原有技术领域间的知识耦合只有在达到一定程度时，才会推动企业的知识基础的变革，产生有利于环保节能的创新。Jayaram 等（2013）的研究也指出，通过对现有知识的反复利用与整合，企业能够重新审视自身的知识基础，提高企业在创新过程中知识筛选、组合和利用的效率，而这个过程最终会有利于绿色创新。其次，当企业在原有技术领域间的知识耦合程度较高时，企业内的研发人员会对现有知识体系的理解更为深刻，并能够清楚地了解对哪些知识进行耦合更容易创造出具有绿色环保功能的发明。知识基础观也支持类似的观点，利用企业内部知识进行的研发有助于强化企业的知识基础，提高知识的利用和吸收能力，从而产生具有更多功能和用途的创新（Berchicci，2013）。最后，在原有技术领域间较高程度的知识耦合也是一种深度利用现有知识的重要方式，通过尝试新的知识组合以及采用新的问题解决模式，使得企业能够在一定程度上避免陷入"熟悉陷阱"中。Caner 等（2015）的研究也表明，对某几个特定技术领域间知识的不断重构在一定程度上也能提高企业突破原有技术极限的概率。例如，作为工程机械领军企业的三一重工，通过在清洁能源与混凝土搅拌技术上的深入探索，研制出的 SYM5253GJB2E 混凝土搅拌车在清洁化能源方面取得重大突破，被业界称为绿色先锋。因此，通过在原有技术领域间进行知识耦合的方式来改变陈旧固化的知识基础，可以帮助企业创造具有绿色特征的知识组合，促进绿色创新。据此，本书提出以下假设：

假设 4－4：原有技术领域间的知识耦合与企业绿色创新呈 U 形关系。

（二）新旧技术领域间的知识耦合对绿色创新的影响

研究表明，仅仅进入新的技术领域还不能确保企业的绿色创新一定会成功，根据 Gauthier 等（2014）的观点，实现绿色创新还需要将新知识与现有的知识基础实现整合，才能突破现有的知识基础，产生满足绿色环保要求的创新。首先，新旧技术领域间的知识耦合可以引导企业去发现合适的切入点来有效地利用新知识。通常情况下，在一个全新的技术领域内进行探索和创新会面临高度不确定性，如缺乏在新技术领域内进行知识搜索的能力和经验，知识搜索范围过于宽泛等，从而导致企业产生错误决策的概率提高(Nerkar,2003)。但如果企业能够结合现有的知识基础来展开对新技术领域的搜索，则有助于企业精简知识耦合的范围，降低知识组合的不确定性，并使得企业逐渐获得在新技术领域内进行研发的能力。另外，由于这种知识耦合方式是在原有技术领域基础上引入了新的知识元素，使得企业的知识搜索活动更加有效并因此超越了原有知识基础所能产生的创新。例如，通过与华盛麓峰集团签署战略框架协议，三一重工集团将前者的智能化、生态化建筑工程技术与自身的工程机械领域的技术知识融合，以住宅产业化成套装备研发与生产为契机进入绿色建筑领域。其次，在原有技术领域的基础上进行跨界搜索不仅有利于引入新创意，也能深化企业对原有知识领域的认知，并使得企业利用现有的优势来进一步探索新技术和市场机会。Grupp 等(2017)也指出，企业内外部知识的结合能够使得企业不断优化自身的知识结构，丰富自身的知识基础，并实现与环保政策和法律法规的动态匹配，从而改善企业的绿色创新。

首先，随着企业在新旧技术领域间知识耦合的逐步深入，过于频繁的新旧知识耦合所导致的知识基础的剧烈变化也会在一定程度上破坏原有的组织惯例，产生诸如整合、沟通与协调等成本。其次，过于深入地在新技术领域进行知识搜索容易导致企业在数个新领域中摇摆，不仅阻碍了企业环保技术的研发进程，也稀释了创新资源。最后，当企业进入越来越多的新领域后，企业吸收和整合外部知识进行绿色创新的成本也在不断增加。一方面，Xu(2015)的研究显示，过多地引入新知识会增加企业内部成员间建立共有知识的难度，使得企业难以将获取的新知识吸收整合到原有知识体系中。另一方面，Schiederig(2012)对中国制造业上市公司知识获取策略的研究指出，技术许可引进的节奏越快，企业的创新资源越容易被分散，吸收和熟练运用外部知识的时间也越长，从而也越容易增加绿色创新的风险。据此，本书提出以下假设：

假设 4-5：新旧技术领域间的知识耦合与企业绿色创新呈倒 U 形关系。

(三)制度合法性对知识耦合的影响

大量研究表明，在制度合法性下企业会设法采取各种绿色创新实践来提高自身合法性，如污染防治技术的采用、清洁能源的开发、生产技术和设备效率的提升等，以此规避可能引致的政治风险和法律制裁。但不管采取何种绿色创新实践，在很大程度上都需要突破既有的知识和技术路径，这就需要在绿色环保相关的技术领域间进行知识耦合。本书认为不同的制度合法性对两类知识耦合的作用机制存在一定差异。

由于规制合法性主要源于政府所施加的诸如政策、法律法规等强制性规制，而这些规制中一般都含有关于环境保护、节能减排等技术标准。一些学者(Bokusheva,2012)的研究表明,在规制合法性的作用下,企业侧重满足政策与法律法规所要求的技术标准,因而迫切需要解决绿色创新的技术难题。又由于在未知的全新技术领域的知识搜索存在较大风险,并且容易导致企业成本急剧增加,因此企业会首先从较为熟悉的技术领域开始进行知识耦合。企业通过积极审视企业内部原有的知识体系,对现有的知识基础展开一定程度的调整或重构,将研发重心从现有的研究方向转移到环保节能方向并尝试新的知识组合,通过对某几个特定技术领域间知识的不断重构来突破原有的技术极限,从而推动知识基础的变革,实现绿色创新。另外,一些学者指出,由于进入新技术领域的一条重要途径是与其他组织展开合作研发,而国内知识产权的相关法律法规有较多缺陷,使得部分企出于保护知识产权、防范知识外溢的考虑,往往倾向于先在原有技术领域进行技术开发,而对进入新技术领域表现出不积极的态度(陈钰芬 等,2013)。

但是,对于由环境不确定性导致的模仿压力而言,认知合法性没有给企业设置某个必须达标的硬性标准。在认知合法性下,模仿同行业企业和竞争对手的绿色创新实践的主要目的在于获得市场和顾客的认可,相对于达到某个技术指标,企业更关心的是对于已经采取了绿色创新的同行业企业产品和服务,市场的反应情况,以及节能环保产品的市场容量和空间等信息。因而在此逻辑下,企业除了进行知识耦合外,更倾向于加强与企业外各组织的联系与合作,以获取与市场以及客户相关的关键信息和知识,并观察同行业的绿色创新在市场上的表现,再决定是否投入更多的资源在绿色环保相关的技术领域进行知识耦合。据此,本书提出如下假设:

假设 4-6:规制合法性、认知合法性有助于企业原有知识耦合,规制合法性对原有知识耦合的效应强于认知合法性。

进入新技术领域、引入新知识是企业开展绿色创新的重要途径,因此在规制合法性和认知合法性下,企业除了在原有技术领域间进行知识耦合外,也会向组织外部寻求异质性知识,尝试跨越组织边界和技术边界,搜寻与绿色环保相关的各类知识与技术,获取这些异质性的知识并与原有知识体系进行耦合,从而帮助企业不断更新内部的知识库,完善知识基础和结构,使与绿色环保相关的知识体系更为丰富与多元化。大量的研究表明,政府通过行政命令和法律法规等环境规制措施,可以迫使那些在环保技术和环保意识方面较为薄弱的企业积极地从外部吸收相关绿色知识,并将其与原有的知识基础进行整合,从而提升绿色技术(Dong et al.,2013)。同时,一些知识密集型企业、科研院所、产业支持基金等能够从产业链协同、知识技术多样性等方面帮助企业更有效地开展绿色创新。另外,绿色创新的不确定性和复杂性又使得企业在实施绿色创新的过程中,会密切地关注和参考同行业中其他企业的绿色创新活动。模仿压力越大,企业会越倾向于加强与企业外各组织和企业的联系与合作,以获取市场和竞争对手的相关信息,同时不断地进入新的技术领域中,充分挖掘外部知识源,并将这些全新技术领域的知识与企业原有技术领域的知识进行耦合,以深入了解竞争对手的绿色环保技术的优劣,加强对绿色创新范式的认识。

虽然规制合法性和认知合法性都可促使企业通过知识耦合来实施绿色创新行为,但影响效应却存在差异。一方面,追求绿色创新的预期收益最大化始终是企业绿色创新的重要推动力,在此逻辑下,认知合法性很多时候被企业解读为一种由市场环保需求而带来的商机,因而企业会比追求规制合法性更主动地响应认知合法性,更积极地进行与绿色创新相关的新旧知识耦合活动(Xu,2015)。同时,采用绿色创新并获得了一定市场地位的企业,为了确保市场地位会倾向于向其他相关公司出售其拥有自主知识产权的环保技术来引领行业发展趋势,而其他公司又会通过对环保技术变化趋势、产品市场需求转变以及与其他组织的关系范式及沟通机制进行及时准确的判断来挖掘自身的绿色竞争力,这些都有助于企业进行新旧技术领域间的知识耦合。另一方面,对于规制合法性而言,由于政府规制的惩罚性、强制性和不稳定性,加之绿色创新又具有高风险和长回报周期的特征,因此企业往往会将感知到的规制合法性解释为其实现商业价值的威胁,这会使其在绿色创新实践过程中处于一种被动状态,在资源投入、知识搜索、获取与整合方面也会有所保留。据此,本书提出以下假设:

假设 4-7:规制合法性、认知合法性有助于企业新旧知识耦合,但认知合法性的作用强于前者。

综上所述,制度合法性能够通过影响产业集群创新网络的形式来作用于集群企业的知识共享,而这条路径正是管理学研究所重视的中介效应。据此,本书提出以下假设:

假设 4-8a:原有技术领域间的知识耦合在规制合法性与绿色创新的关系中起中介效应。

假设 4-8b:原有技术领域间的知识耦合在认知合法性与绿色创新的关系中起中介效应。

假设 4-8c:新旧技术领域间的知识耦合在规制合法性与绿色创新的关系中起中介效应。

假设 4-8d:新旧技术领域间的知识耦合在认知合法性与绿色创新的关系中起中介效应。

本书制度合法性与制造企业绿色创新的理论模型如图 4-1 所示。

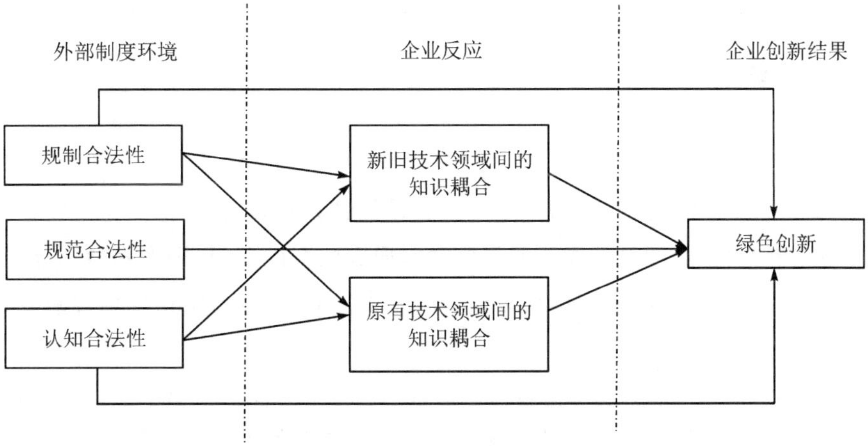

图 4－1　制度合法性与制造企业绿色创新的理论模型

第二节　研究设计

一、数据收集

本书的研究样本为我国 A 股上市的制造业企业。相对于普通企业和其他行业的上市公司，制造业的上市公司对环境影响较大，受到更多来自政府和社会的监督，同时又具有研发实力强、专利数量庞大以及数据容易收集等特点，因此其对于本书的研究而言具有较好的代表性。并且，大量以绿色创新为主题的文献也倾向于采用制造业为研究样本。其中，传统制造业占样本总量的 61.7%，包括橡胶和塑料制品制造、化学原料及制品制造和造纸及纸制品业等，这些行业环境压力较大，绿色创新的积极性也较强；高科技制造业占 38.3%，选取标准参照国家统计局发布的《高技术产业统计分类目录》，包括医药制造业、电子及通信设备制造业等。

本研究所需要的数据分为两类。第一类是企业规模、年龄、研发收入等企业基本信息，数据来自国泰安数据库和万得资讯数据库，收集了样本企业 2012—2016 年共 5 年的数据。第二类为专利数据，收集自国家知识产权局专利数据库。虽然本书对样本企业的研究时间为 5 年，但由于研究设计的原因，需要 15 年的专利数据，因此最终收集了 2002—2017 年的专利数据。为保证研究的可靠性，在筛选样本时尽力剔除不良因素的影响：剔除成立时间不足 1 年的公司；剔除了 2002—2017 年专利数为零的企业；剔除 ST 及 * ST 的上市公司。本书最终选取了 128 家企业 2012—2016 年的面板数据，样本企业分别来自我国 17 个不同省市。

二、变量度量

（一）因变量

因变量为企业绿色创新（Z_{GI}）。因企业绿色创新难以通过单一指标来综合测度，本书在借鉴 Qi 等（2011）和王霞等（2016）研究的基础上，利用多元判别分析，从企业绿色创新的投入、产出和绿色管理创新三个方面，选取多维指标综合测量。判别模型如下：

$$GI=\alpha_0+\beta_1 R\&D+\beta_2 NP+\beta_3 GP+\beta_4 RW+\beta_5 IS+\beta_6 MI+\xi \quad (4-1)$$

其中：GI 为绿色创新 01 虚拟变量，表示公司当年是否在社会责任报告或企业年报中披露了绿色创新的信息。R&D 是公司当年研发投入的自然对数（我国尚未建立企业绿色创新支出的独立核算，因而用该指标代替）。NP 是公司当年实施的绿色环保相关的项目数，数据来自公司年报中“投资重大项目情况”部分和社会责任报告中“环境保护与可持续发展”章节。GP 为公司当年授权的绿色专利数，数据来源于国家知识产权局专利数据库，选取标准以世界知识产权组织开发的“IPC[①]绿色清单”中绿色专利所对应的 IPC 号为依据，对样本企业当年的发明专利进行标识。RW 代表公司当年与绿色创新有关的奖项，来自企业社会责任报告“环境保护与可持续发展”部分。IS 是环境认证 01 虚拟变量，反映公司是否具有国际环境管理体系 ISO 14001 认证。MI 为绿色管理 01 虚拟变量，反映公司当年是否采取绿色管理或制度创新，来自公司社会责任报告。表 4－1 为 Z_{GI} 判别分析结果，可见，模型的整体及各变量显著性较好，显示判别函数有效（至少 $p<0.05$）。在算出不同因素对综合指标（Z_{GI}）的权重后，通过模型（4－2）计算企业绿色创新的多维代理变量 Z_{GI}，并将滞后一期的 Z_{GI} 作为因变量进行回归。

$$Z_{GI}=\alpha_0+\beta_1 R\&D+\beta_2 NP+\beta_3 GP+\beta_4 RW+\beta_5 IS+\beta_6 MI+\xi \quad (4-2)$$

表 4－1　Z_{GI} 判别分析

变量	回归系数
R&D	0.041**
NP	0.092**
GP	0.046***

① IPC 表示国际专利分类，英文翻译为 international patent classifications。

续表

变量	回归系数
RW	0.137**
IS	1.324***
MI	1.796***
常数项	−0.918***
Wilks' Lambda	0.893***
F 值	296.75***

注：***、** 和 * 分别表示 $p<0.01$、$p<0.05$ 和 $p<0.10$。

(二)自变量

1.规制合法性

企业的规制合法性来源于政府制定的与环境相关的政策制度以及对这些政策制度的维护，在已有文献中常用中国城市污染源监管信息公开指数、产出加权的行业“三废”达标率等进行测量(肖华，2016)。本书选用公众环境研究中心每年发布的中国城市污染源监管信息公开指数(PITI 指数)测量企业所面临的规制合法性压力。

公众环境研究中心自 2009 年以来，连续发布了 113 个全国环保重点城市污染源监管信息公开指数的评分和排名，评分内容包括“环境监管信息”“污染源自行公开”“互动回应”“企业排放数据”“环评信息”5 个大项，10 个小项，总分为 100 分。污染源监管信息公开指数较为全面和客观地评价了我国地方政府执行环境信息披露政策的情况，在反映当地环境信息透明度的同时，体现了当地政府对环境信息披露的监管力度。本书采用企业注册地城市的污染源监管信息公开指数进行测量，当企业注册地城市不在评分城市中时，则使用企业注册地所在省份省会城市作为替代，并且认为企业注册地城市当年污染源监管信息公开指数得分越高，企业所面对的规制合法性压力越大。

2.认知合法性

参考沈洪涛等(2012)和肖华(2016)的研究，用环境信息披露的行业平均值来测量认知合法性。环境信息披露可分为 7 大类共 51 小项，7 大类分别为环保投入与风险、环境法规遵守情况、环境保护效果、污染治理、可持续发展、环境管理，以及其他(如环境友好型产品与服务，利益相关者行为等)。通过浏览每个公司的年报，对每个环境信息披露项目评分：以货币或定量指标披露企业相关环保行为的，赋值

3；以定性方式披露企业相关环保行为的，赋值 2；只以一般性术语进行披露的，赋值 1；相关项目没有被披露，赋值 0。某个企业某个年度的环境信息披露评分即是 51 个项目的评分之和，在计算行业均值时不包含该焦点企业。

3.规范合法性

重污染行业作为影响我国环境问题的主要源头，受到来自公众更多的监督与约束，同时也更被期待在环境问题上有所作为。此外，重污染行业上市公司是各级环保部门环保核查的重点，被要求披露年度环境报告；国家工业行业协会联合颁布的工业企业社会责任指导，要求部分行业必须公开社会责任报告，经过对比发现，这些行业中包含了较多的重污染行业。因此，本书选用企业是否属于重污染行业来测量社会公众和行业协会等为企业带来的规范合法性，若企业属于重污染行业，赋值为 1，否则赋值为 0，并且认为重污染行业企业受到的规范合法性更大。本书中的重污染行业包括食品制造业、石油加工、炼焦及核燃料加工业、化学原料及化学制品制造业、黑色金属冶炼及压延加工业、有色金属冶炼及压延加工业、农副食品加工业、纺织业、皮革毛皮羽毛及其制品业、造纸及纸制品业、非金属矿物制品业、医药制造业、化学纤维制造业、饮料制造业、木材加工及木竹藤棕草制品业、金属制品业、通信和其他电子设备制造业、计算机、通用设备制造业、专用设备制造业、交通运输设备制造业。

（三）中介变量

中介变量为原有技术领域间的知识耦合与新旧技术领域间的知识耦合。知识耦合是一个反映不同技术领域间知识相互联系和动态变化的概念，但目前文献中对于该变量的测量还局限在静态测度的方式。为尽量反映该变量的动态性，本书在参考 Yayavaram 等（2008）研究的基础上，采用如下方法进行测量。

首先，本书参考主流文献的处理方式，利用国际专利分类（IPC）的主分类号的前 4 位代表某一类技术领域（沈洪涛 等，2012）。由于企业的每项专利都可能拥有一个以上的国际专利分类，因此通过考察企业每项专利的国际专利分类号情况就可以了解不同技术领域间的关联，并在此基础上测量企业的知识耦合。我们通过设置两个时期（T_1 时期，T_2 时期），并在每个时期使用 3 年的时间窗来考察企业知识耦合的动态变化。假设企业的知识基础（专利池）在 $t-5$ 至 $t-3$ 年间（T_1 时期）形成，则企业于 $t-5$ 至 $t-3$ 年在技术领域 j 和 k 之间的知识耦合 $m_{j-k,t-5\text{ to }t-3}$ 可由下列公式计算：

$$m_{j-k,t-5\text{ to }t-3}=\frac{n_{jk}}{n_j+n_k-n_{jk}} \tag{4-3}$$

其中：n_j 表示企业在国际专利分类 j 上所获得的专利数目；n_k 表示企业在国际专利分类 k 上所获得的专利数目；n_{jk} 表示企业同时在国际专利分类 j 和 k 上所获得的专利数目；t 为年份。按照上述逻辑，则可将企业两两技术领域间的知识耦合 $m_{j-k,t-5\text{ to }t-3}$ 组合成企业的知识耦合矩阵 $\boldsymbol{M}$，代表该企业的知识基础。需要特别说明的是，多个技术领域间的知识耦合可以近似看作两两技术领域之间的知识耦合。

其次，为了测量知识耦合对于企业知识基础的改变，我们分别对每个样本企业中的知识耦合矩阵 $\boldsymbol{M}$ 在 T_1 时期（$t-5$ 至 $t-3$）与 T_2 时期（$t-2$ 至 t）的变化进行比较。另外，根据 Yayavaram 等(2008)的研究，知识耦合的水平和强度与企业知识基础的规模正相关，因此为避免企业知识基础规模的干扰，在利用上述计量方法测量并比较企业两个时期的知识耦合情况时，采用如下方法进行处理：对知识耦合矩阵 $\boldsymbol{M}$ 中所有的元素进行加权处理，在两个时期中只有当矩阵中某个知识耦合 m 的加权值到达或超过矩阵中所有元素排列后的第一四分位数时，才认为该耦合 m 达到了显著变化水平。加权数计算如下：$(p_j+p_k)/2+(q_j+q_k)/2$，其中，p_j、p_k 和 q_j、q_k 分别表示在 T_1 和 T_2 时期，企业在国际专利分类 j 和 k 上的专利数占企业所有专利数的比重。

经过整理，企业内两两技术领域间的知识耦合 m 从 T_1 时期至 T_2 时期的变化，都可被归属到 3 个四分位数相应的分割点范围内，并存在 3 种显著的知识耦合程度增强的情况：①从 T_1 时期的第一四分位数范围内变化到 T_2 时期的第一至第二四分位数范围，或第二至第三四分位数范围，或第三四分位数之后的范围。②从 T_1 时期的第一至第二四分位数范围变化到 T_2 时期的第二至第三四分位数范围，或第三四分位数之后的范围。③从 T_1 时期的第二至第三四分位数范围变化到 T_2 时期的第三四分位数之后范围。同样，也存在 3 种与上述逻辑关系类似的知识耦合程度减弱的情况，这里不再列举。

通过上述方法对两个时期的知识耦合矩阵进行比较后，假设知识耦合矩阵 $\boldsymbol{M}$ 中有 S 个知识耦合发生了显著变化，则企业在两个时期知识耦合的动态变化 CKD 可用下列方法计算：

$$\text{CKD}=\sum|m_{n,T_2}-m_{n,T_1}|,\quad (n-1,2,\cdots,S) \tag{4-4}$$

其中，m_{n,T_1} 和 m_{n,T_2} 为经过 T_1 和 T_2 两个时期，在知识耦合矩阵 $\boldsymbol{M}$ 中发生了显著变化的所有知识耦合。我们进一步将 CKD 分解成两个变量，分别是企业原有技术领域间的知识耦合(CEKD)，以及新技术领域与原有技术领域的知识耦合(CNEKD)。两个自变量的划分依据如表 4-2 所示，在这些知识耦合的方式中，(a)、(b)、(d)、(e)四类知识耦合的方式可归属为原有技术领域间的知识耦合，(c)

类知识耦合的方式可归属为新旧技术领域间的知识耦合。

最后，在利用上述公式测量 CEKD 和 CNEKD 时，按照表 4－2 的分类逻辑分别选取相对应技术领域内的专利数量进行计量(即相应的国际专利分类号)。

表 4－2　知识耦合的主要方式

涉及技术领域情况	技术领域间的耦合情况	T_1 时期知识耦合情况	T_2 时期知识耦合情况	由知识耦合导致的知识基础的变化情况		知识耦合的方式
企业在两个时期同时涉及的技术领域	C—D	＋	＋＋	耦合程度增强	(a) 原有技术领域间的知识耦合程度增强	(1)原有技术领域间的知识耦合
	C—D	0	＋	原来无耦合关系的两个技术领域间形成耦合关系		
	C—D	＋	0	耦合关系在 T_2 时期消失	(b) 原有技术领域间的知识耦合程度减弱	
	C—D	＋＋	＋	耦合程度减弱		
企业在 T_2 时期涉及的技术领域	C—E C—F D—E D—F	0	＋	旧技术领域与 T_2 时期新增的技术领域形成知识耦合关系	(c) 新技术领域与原有技术领域的知识发生耦合	(2) 原有技术领域与新技术领域的知识耦合
只在 T_1 时期涉及的技术领域	A—B	＋	0	原有的耦合关系在 T_2 时期消失	(d) 原有技术领域间的知识耦合程度减弱	(3) 原有技术领域间的知识耦合

续表

涉及技术领域情况	技术领域间的耦合情况	T_1 时期知识耦合情况	T_2 时期知识耦合情况	由知识耦合导致的知识基础的变化情况		知识耦合的方式
企业在 T_1 时期涉及的技术领域	A—C B—C A—D B—D	+	0	原有的耦合关系在 T_2 时期消失	(e) 原有技术领域间的知识耦合程度减弱	(4) 原有技术领域间的知识耦合
在 T_2 时期新进入的技术领域	E—F	0	+	T_2 时期在新增的技术领域间形成耦合关系	(f) 新技术领域间的知识发生耦合	(5) 新技术领域间的知识耦合

说明：假设某个企业在 T_1 时期拥有的专利涉及四个技术领域 A、B、C 和 D，在 T_2 时期拥有的专利涉及 C、D、E 和 F 四个技术领域，即企业在两个时期的专利都涉及 C 和 D 两类。在 T_1 时期涉及的 A 和 B 两个技术领域由于专利转让等原因在 T_2 时期不再涉及，而 E 和 F 两个技术领域是企业在 T_1 时期没有涉及的，而是在 T_2 时期新进入的。

(四) 控制变量

本研究模块的控制变量为网络规模、企业规模、研发投入、企业年龄、行业和年度共 6 个变量。网络规模采用不同时间窗口下的企业数量的自然对数，代表整个网络内知识资源情况；企业规模按主流文献的处理方式，采用主营业务收入的自然对数；研发投入为企业每年研发投入的自然对数；企业年龄采用上市年限测量；行业以通用设备制造业为基准行业设置虚拟变量；年度按不同年份设置年度虚拟变量。

第三节　结果分析

一、共线性及相关分析

表 4-3 为各变量间的相关系数矩阵。在表 4-3 中，控制变量与自变量、因变量等显著相关，说明对控制变量进行控制是必要的；另外，进一步的共线性检验显示所有变量的 VIF 值均小于 4.526，TOL 值大于 0.512，即能够排除变量间的共线

性问题。

表 4-3　变量描述性统计与相关系数

变量	均值	标准差	1	2	3	4	5	6	7
1. 规制合法性	41.823	13.264	1						
2. 认知合法性	12.806	16.321	0.116	1					
3. CEKD	3.728	6.335	0.289**	0.226**	1				
4. CNEKD	2.226	2.302	0.217**	0.312**	0.228**	1			
5.绿色创新	24.681	62.486	0.324**	0.395**	0.377***	0.385***	1		
6.研发投入	4.792	8.196	0.161*	0.152*	−0.059	−0.046	0.264***	1	
7.技术相关性	0.276	0.228	−0.067	−0.051	0.616**	0.624**	0.126*	0.072	1
8.企业创立时间	8.308	4.602	0.110	0.108	0.125	0.117	0.163**	0.089*	−0.023
9.企业规模	5.613	2.369	0.125*	0.172*	0.234*	0.203*	0.144**	0.181*	−0.036
10.资产收益	0.418	0.322	0.064*	0.074*	0.133*	0.125*	0.229**	0.367**	0.128
变量	8	9	10						
8.企业创立时间	1								
9.企业规模	0.417***	1							
10.资产收益	0.324**	0.352**	1						

注：***、** 和 * 分别表示 $p<0.01$、$p<0.05$ 和 $p<0.10$。

二、假设检验

表 4-4 为制度合法性对知识耦合的回归分析结果。其中，模型 1 和模型 5 为只包含控制变量的基准模型，模型 2 至模型 4 和模型 6 至模型 8 在基准模型的基础上分别增加了规制合法性和认知合法性两个自变量。从表 4-4 可以发现，所有模型均在 10% 的置信水平上显著，同时相对于基准模型，其他模型的 ΔR^2 值都显著提高，表明模型的拟合程度增强，本书选择的自变量确实提高了方程的解释力。由模型 2 至模型 3 可知，规制合法性和认知合法性的回归系数显著为正，这表明规制合法性和认知合法性都正向影响企业在原有技术领域的知识耦合。同时比较模型 1 和模型 3，认知合法性变量加入后解释了原有技术领域知识耦合 0.036 的变化（$\Delta R^2=0.036, p<0.05$）；比较模型 1 和模型 2，规制合法性变量加入后解释了原有技术领域的知识耦合 0.049 的变化（$\Delta R^2=0.049, p<0.05$），大于认知合法性的作

用，因而假设 4－6 获得支持。由模型 6 至模型 7 可知，规制合法性和认知合法性的回归系数显著为正，这表明规制合法性和认知合法性都正向影响企业在新旧技术领域间的知识耦合。同时，按照上述分析步骤可判断，认知合法性对新旧技术领域间的知识耦合的作用大于规制合法性的作用，假设 4－7 获得支持。

表 4－4 制度合法性对知识耦合的回归模型

变量	原有知识耦合(CEKD)				新旧知识耦合(CNEKD)			
	模型 1	模型 2	模型 3	模型 4	模型 5	模型 6	模型 7	模型 8
规制合法性		0.089***		0.084***		0.074***		0.066***
模仿压力			0.064***	0.076***			0.079***	0.080***
技术相关性	0.205**	0.195**	0.239**	0.230**	0.202**	0.215**	0.227**	0.240**
企业规模	0.183**	0.198**	0.192**	0.186**	0.180**	0.187**	0.190**	0.199**
企业创立时间	0.135**	0.140**	0.151**	0.122**	0.129**	0.133**	0.137**	0.143**
研发投入	0.110**	0.099**	0.117**	0.105**	0.102**	0.108**	0.114**	0.120**
资产收益	0.039	0.045	0.045	0.056	0.048	0.051	0.054	0.052
行业和年度	控制	控制	控制	控制	控制	控制	控制	控制
R^2	0.109	0.158	0.145	0.182	0.102	0.149	0.159	0.188
ΔR^2		0.049**	0.036**	0.073**		0.047**	0.057**	0.086**
F 值	3.098**	4.545**	4.404**	6.011**	3.568**	4.773**	5.861**	5.992**

注：***、** 和 * 分别表示 $p<0.01$、$p<0.05$ 和 $p<0.10$；表中回归系数已标准化。

表 4－5 为制度合法性、知识耦合对绿色创新的回归结果。由表 4－5 可知，所有模型均在 10％的置信水平上显著，同时相对于只包含控制变量的基准模型 9，其他模型的对数似然值都显著提高，这表明模型的拟合程度增强，本书选择的自变量确实提高了方程的解释力。

模型 10 和模型 11 在模型 9 的基础上分别增加了 CEKD 和 CEKD 的平方，以及 CNEKD 和 CNEKD 的平方。由模型 10 可知，CEKD 和 CEKD 平方的回归系数分别显著为负（回归系数为－0.061，$p<0.01$）和显著为正（回归系数为 0.040，$p<0.01$），这表明原有技术领域间的知识耦合与企业的绿色创新呈现 U 形的曲线关系，假设 4－4 获得支持。由模型 11 可知，CNEKD 和 CNEKD 平方的回归系数分别显著为正（回归系数为 0.069，$p<0.01$）和显著为负（回归系数为－0.045，$p<0.01$），这表明新旧技术领域间的知识耦合与企业的绿色创新呈现倒 U 形的曲线关系，假设 4－5 获得支持。

表 4-5　制度合法性、知识耦合与绿色创新的回归模型

变量	绿色创新								
	模型 9	模型 10	模型 11	模型 12	模型 13	模型 14	模型 15 ($t+1$)	模型 16 ($t+2$)	模型 17 ($t+3$)
CEKD		−0.061***			0.054***				
CEKD 平方		0.040***							
CNEKD			0.069***			0.063***			
CNEKD 平方			−0.045***						
规制合法性				0.477***	0.305***	0.231***	0.437**	0.430	0.425
认知合法性				0.359***	0.219***	0.213***	0.345***	0.338***	0.330***
规范合法性				0.306***	0.223***	0.199***	0.311***	0.289***	0.275***
技术相关性	0.134**	0.166**	0.174**	0.183**	0.189**	0.186**	0.186**	0.179*	0.154*
企业规模	0.135*	0.148*	0.162*	0.158*	0.163*	0.164*	0.156*	0.143	0.135
企业创立时间	0.118**	0.111	0.114	0.125	0.117	0.105	0.122	0.113	0.115
研发投入	0.156***	0.232***	0.226***	0.240***	0.237***	0.244***	0.247***	0.251**	0.244**
资产收益	0.060	0.071	0.074	0.079	0.081	0.085	0.075	0.067	0.073
行业和年度	控制	控制	控制	控制	控制	控制	控制	控制	控制
Log likelihood	−1751.887	−1540.227	−1535.863	−1580.298	−1532.594	−1529.436	−1579.675	−1574.498	−1570.921
Wald χ^2	67.95***	878.38***	880.87***	885.93***	901.59***	906.98***	887.13***	891.36***	896.57***

注：***、** 和 * 分别表示 $p<0.01$、$p<0.05$ 和 $p<0.10$；表中回归系数已标准化。

模型 12 在基准模型的基础上引入了规制合法性、认知合法性和规范合法性三个自变量，结果显示规制合法性、认知合法性和规范合法性的回归系数显著为正，表明上述三种合法性正向影响绿色创新，假设 4－3 成立。由模型 15 至模型 17 可知，规制合法性对之后连续 3 年绿色创新的影响中仅有（$t+1$）年显著，因此假设 4－1中规制合法性的时效性得到支持，即规制合法性的影响作用会随时间增加而减弱。而认知合法性对之后连续 3 年绿色创新的影响显著，因此假设 4－2 中认知合法性的时效性得到支持，即认知合法性的影响作用能在较长一段时间内保持。

对于中介作用的检验，采用 Baron 等（1986）提出的方法进行分析，该方法共有三个步骤。第一和第二步已经在上面的分析中完成，接下来将直接进行第三步的分析。首先，分析原有知识耦合在规制合法性、认知合法性与绿色创新关系间的中介作用。在模型 13 中，当规制合法性、认知合法性和原有知识耦合同时进入回归方程后，规制合法性、认知合法性仍然显著正向影响绿色创新，但回归系数分别由 0. 477 和 0.359 降为 0.305 和 0.219，这表明原有知识耦合在规制合法性、认知合法性和绿色创新之间起着部分中介作用，验证了假设 4－8a 和假设 4－8b。其次，分析新旧知识耦合在规制合法性、认知合法性与绿色创新关系间的中介作用。在模型 14 中，当规制合法性、认知合法性和新旧知识耦合同时进入回归方程后，规制合法性、认知合法性仍然显著正向影响绿色创新，但回归系数分别降为 0.231 和 0.213，这表明新旧知识耦合在规制合法性、认知合法性和绿色创新之间起着部分中介作用，验证了假设 4－8c 和假设 4－8d。

三、稳健性检验

首先，同时采用 LLC、IPS、Fisher-ADF 和 Fisher-PP 检验对所有模型进行单位根检验来判断数据平稳性，结果表明所有变量均为一阶单整。随后采用 KAO 检验方法，结果表明模型中因变量和自变量之间存在协整关系。其次，在模型判断方面，通过 Hausman 检验显示未达到显著水平，可判断随机效应的模型更优。再次，由于本书中介变量的测量结果受所选时间窗口的影响，因此选择合适的时间窗口非常重要。为了检验本书所选择的 3 年期窗口是否合适，作者分别在模型 10 和模型 11 当中对中介变量的时间窗口进行了调整，由原来的 3 年（$t-2$ 和 t，$t-3$ 和 $t-5$）分别调整为 2 年（$t-1$ 和 t，$t-2$ 和 $t-3$）和 5 年（t 和 $t-4$，$t-5$ 和 $t-9$）。结果表明，2 年期窗口模型的结果与原来的一致，但是 5 年期窗口模型中，新旧技术领域间的知识耦合对绿色创的影响不再显著，其结果不支持假设 4。出现这种矛盾结果的原因可能是随着时间窗口的延长，由知识耦合所导致的知识基础变化越大也越难以控制，而时间窗口太短，知识耦合又难以体现企业知识基础发生的变化。因此这在某种程度上也表明，我们所选择的 3 年期时间窗口是较为合适的。

第四节　本章小结

本章以 128 家 A 股上市制造业企业为样本，整合新制度主义理论、知识管理和创新管理相关理论，以知识耦合这一反映知识基础动态变化的变量为中介变量，探讨了制度合法性对制造企业绿色创新的影响机制及其随时间的动态变化，并厘清了制度合法性与绿色创新关系间的传导机制。本章的主要结论如下：

第一，规制合法性和认知合法性均对企业绿色创新有正向影响，但存在影响效果的时效差异。规制合法性对企业绿色创新的影响效果随时间的增加而减弱，而认知合法性的促进作用在较长一段时间内可以持续。

第二，除了直接影响企业绿色创新外，规制合法性和认知合法性还能通过知识耦合间接影响企业绿色创新，知识耦合是其中重要的中介变量。知识耦合可以划分为原有技术领域间的知识耦合与新旧技术领域间的知识耦合两个维度，规制合法性和认知合法性对知识耦合的两个维度的影响存在差异。规制合法性和认知合法性均能正向影响企业在原有技术领域和新旧技术领域间的知识耦合，但规制合法性对原有技术领域的知识耦合的影响大于认知合法性，而认知合法性对新旧技术领域间的知识耦合的影响大于规制合法性。

第三，企业在原有技术领域间的知识耦合与企业绿色创新呈 U 形关系，说明当原有技术领域间的知识耦合程度较低时不利于企业绿色创新，只有原有技术领域间的知识耦合达到一定程度后才会有利于企业绿色创新。该结论扩展了 Subba 等(2010)关于知识搜索与创新的观点，我们认为在熟悉技术领域间的知识搜索与开发只有达到一定的深度，反复尝试了各种知识组合之后，才能避免陷入"熟悉陷阱"中，从而创造新知识和技术。另外，新技术领域与原有技术领域间的知识耦合与企业绿色创新呈倒 U 形关系。该结论在一定程度上为目前关于绿色创新的研究做出了增量贡献，即大多数绿色创新成果都需要企业进行广泛的知识搜索，并进入那些从未被探索过的领域(Rosenkopf et al.,2001)。但当新技术领域与原有技术领域间的知识耦合程度过高时，容易使得企业内建立共有知识的难度增加，导致企业的知识基础变化过于剧烈，最终对绿色创新产生负面影响。

第五章　制造企业绿色创新的实现机制：一个多理论整合视角

第一节　知识耦合对制造企业绿色创新影响机制：冗余资源调节作用

从技术与知识层面上看，学者们普遍认为绿色创新本质上是一项复杂的知识活动，涉及绿色产品设计、制造工艺、循环生产、排污处理和节能等不同技术领域的知识在组织内创造、整合与扩散，仅依靠制造企业以往的技术经验及在单一技术领域内的知识开展绿色创新难以取得成效（隋俊 等，2015）。因此一些学者主张跨越数个不同的技术领域搜索所需的知识，对不同技术领域间各类知识元素进行整合与重构以改变原有知识基础，是开展绿色创新更有效的方式（Strambach，2017）。同时 Strambach（2017）的研究也认为，想要更好地理解知识与绿色创新之间的关系，除了研究各类知识整合、重构等知识相互作用与创新的关系外，探讨这些知识相互作用的动态变化对绿色创新的作用机制也至关重要。Strambach 提到的不同技术领域间知识的相互作用，以及知识相互作用的动态变化被一些学者定义为“知识耦合”。然而遗憾的是，目前知识视角下对于绿色创新机制的大部分研究，不管是从知识特征方面，如知识的深度和宽度（Grupp et al.，2017）、知识复杂度（Dange et al.，2016）、知识冲突（Gauthier et al.，2014）对绿色创新的影响，还是从知识管理方面，如知识溢出和扩散（毕克新 等，2016）、知识搜索（Muscio et al.，2017）和知识共享对绿色创新的影响，均停留在静态层面，缺乏能够反映知识基础动态变化的知识耦合视角探讨其对绿色创新影响机制的文献。因此，探讨知识耦合是否及如何影响绿色创新，不仅能够弥补相关研究中较少考虑不同技术领域间知识相互作用这一缺憾，也能了解这种相互作用及动态变化与绿色创新的关系，从而丰富了相关领域的研究。另外，知识耦合是一项极其耗费资源的活动，特别是对于需要耦合多个技术领域知识的绿色创新而言，往往面临资源刚性的阻碍，制造企业必须克服由资源刚性构成的组织惰性，才能实现绿色创新。冗余资源作为制造企业一个重要的辅助资产和组织变革的有力“助推器”，对开展绿色创新活动具有重要意义。同时，Voss 等（2008）对制造企业绿色创新过程的研究表明，制造企业需要根据冗余资源的情况来安排相应的研发活动，如知识管理、组织变革等。因此，在研究知识耦合与绿色创新的关系时，探讨冗余资源在其中的作用具有重要意义。

针对上述研究现状，本书运用知识基础观、资源基础观和绿色创新理论，以知识耦合这一知识基础动态变化的重要方式为切入点，探讨知识耦合如何影响制造企业的绿色创新，并进一步考察绿色创新的效果是否会由于不同类型的知识耦合方式而存在差异。在此基础上，检验冗余资源在知识耦合与绿色创新关系中的调节作用。通过厘清冗余资源情景下知识耦合对绿色创新的影响机制，期望为制造企业在绿色创新过程中根据自身资源情况选择合适的知识耦合方式提供理论参考与对策建议。

一、理论假设

（一）知识耦合对绿色创新的影响

1. 原有技术领域间的知识耦合对绿色创新的影响

制造企业在原有技术领域之间进行知识耦合主要是指以下情况：一是在原有的技术领域之间形成新的知识耦合，二是削弱或强化原有技术领域之间的知识耦合程度，三是解除原有技术领域间已经形成的知识耦合关系。之所以将上述这些知识耦合划分为同一类型，是因为我们认为原有技术领域间的知识耦合的减弱和强化对于企业绿色创新的影响效果可能是一致的（下文的稳健性研究证实了这一点）。

由于绿色创新需要整合来自多个技术领域的知识，因此当制造企业在原有技术领域间的知识耦合程度较低时，会产生一些不利于绿色创新的后果。首先，由于制造企业目前的成就一般都是建立在生产制造领域相关的知识体系基础上，当原有技术领域间的知识耦合程度不高时，容易使其沿着原技术路线进行创新，并导致强烈的路径依赖。在路径依赖效应下，在原有技术领域的知识耦合所带来的知识基础变化不足以突破现有的技术路线和研发流程时，就难以达到绿色创新所需的要求。例如，只在与污染排放相关的技术领域内进行知识耦合虽有助于制造企业减少污染排放，但也容易导致技术路线锁定在末端治理领域，从而无法突破现有的技术路线，研发出更为先进的绿色技术来提升产品的绿色技术含量和环保水平。其次，原有技术领域间较低程度的知识耦合往往只是对原有知识基础的局部改变，产生相似的技术，而绿色创新往往要涉及新的技术领域，如制造企业的绿色制造工艺就可能涉及循环生产、节能技术、机械自动化和信息化系统等多个技术领域，因此难以满足绿色创新关于环保节能的要求。Strambach(2017)的研究也表明，制造企业仅仅利用内部知识进行研发，可能很难达到绿色创新要求的知识基础重大变革。最后，即使是低程度的知识基础的变化也会在一定程度上对原有的生产制造流程做出改变，使得企业需要协调拥有不同技术背景的工程师、技工和研发人员间的知识转移，整合不同的技术知识等，上述这些活动会伴随许多管理上的限制，导致整合、沟通与协调成本增加。这些都容易降低绿色创新的效率，增加失败的概率。

但是，随着制造企业在原有技术领域间知识耦合的逐步深入，则会对绿色创新产生积极影响。首先，绿色创新不仅要追求市场成功，还要更多地考虑政府、消费者等利益相关方对于环保的要求，因此对现有的知识基础展开一定程度的调整或重构是非常必要的。原有技术领域间的知识耦合只有在达到一定程度时，才能推动制造企业的知识基础的变革，产生有利于环保节能的创新。Jayaram 等(2013)的研究也指出，通过对现有知识的反复和深度利用与整合，制造企业能够重新审视自身的知识基础，提高企业在创新过程中知识筛选、组合和利用的效率，而这个过程最终会有利于绿色创新。其次，当制造企业在原有技术领域间的知识耦合程度较高时，企业内的研发人员会对现有知识体系的理解更为深刻，并能够清楚地了解对哪些知识进行耦合更容易创造出具有绿色环保功能的发明。持知识基础观的学者也支持类似的观点，他们认为利用企业内部知识进行的研发有助于强化企业的知识基础，提高知识的利用和吸收能力，从而产生具有更多功能和用途的创新。最后，原有技术领域间较高程度的知识耦合也是一种深度利用现有知识的重要方式，通过尝试新的知识组合以及采用新的问题解决模式，使得制造企业能够在一定程度上避免陷入“熟悉陷阱”中。Caner 等(2015)的研究也表明，对某几个特定技术领域间知识的不断重构在一定程度上也能提高制造企业突破原有技术极限的概率。例如，作为工程机械领军企业的三一重工，通过在清洁化能源与混凝土搅拌技术上的深入探索，研制出的SYM5253GJB2E混凝土搅拌车在清洁化能源方面取得重大突破。因此，当原有技术领域间的知识耦合进行到一定程度时，不仅可以改变陈旧固化的知识基础，还能帮助制造企业创造具有绿色特征的知识组合，促进绿色创新。综上所述，本书提出如下假设：

假设 5-1：原有技术领域间的知识耦合对制造企业绿色创新的影响存在“门槛效应”。当原有技术领域间的知识耦合程度较低时，负向影响制造企业的绿色创新；原有技术领域间的知识耦合程度跨越某个关键点时，才会正向影响制造企业的绿色创新。即原有技术领域间的知识耦合与制造企业绿色创新呈 U

形关系。

2. 新旧技术领域间的知识耦合对绿色创新的影响

正如前文所分析的，进入新技术领域、引入新知识是制造企业开展绿色创新的重要途径。通过接触新的知识源，制造企业能够获取其所不具备的各类异质性知识，这些异质性知识有助于填补企业关于环保节能的知识空白，帮助企业识别绿色技术发展的新趋势，使得绿色创新更有针对性。但与此同时，仅仅进入新的技术领域还不能确保制造企业的绿色创新一定会成功。根据 Gauthier 等(2014)的观点，实现绿色创新还需要将新知识与现有的知识基础实现整合，才能突破现有的知识基础产生满足绿色环保要求的创新。首先，新旧技术领域的知识耦合可以引导制造企业去发现合适的切入点来有效地利用与绿色环保相关的新知识。通常情况下，在一个全新的技术领域内进行探索和创新会面临高度不确定性，如缺乏在新技术领域内进行知识搜索的能力和经验、知识搜索范围过于宽泛等，从而导致企业产生错误决策的概率提高。如果企业能够结合现有的知识基础来展开对新技术领域的搜索，则有助于企业精简知识耦合的范围，降低知识组合的不确定性，并使得企业逐渐获得在新技术领域内进行研发的能力。另外，这种知识耦合方式是在原有技术领域基础上引入新的知识元素，使得企业的知识搜索活动更加有效，从而超越了原有知识基础并产生了创新。例如，通过与华盛麓峰集团签署战略框架协议，三一重工集团将前者的智能化、生态化建筑工程技术与自身的工程机械领域的技术知识融合，以住宅产业化成套装备研发与生产为契机进入了绿色建筑领域。其次，新旧技术领域的知识耦合能够创造出竞争对手难以模仿的新技术。已有研究指出，在原有技术领域的基础上进行跨界搜索不仅有利于引入新创意，也能深化制造企业对原有知识领域的认知，并使其利用现有的优势来进一步探索新技术和市场机会。Grupp 等(2017)也指出，制造企业内外部知识的结合能够使得企业不断优化自身的知识结构，丰富自身的知识基础，并实现与环保政策和法律法规的动态匹配，从而改善企业的绿色创新。

另外，与制造企业在原有技术领域间进行知识耦合类似，新旧技术领域的知识耦合所导致的知识基础变化也会在一定程度上破坏原有的组织惯例，产生诸如整合、沟通与协调等成本，但这些成本远小于它给企业带来的收益。首先，当制造企业将知识搜索范围扩大到新技术领域时，有较高概率会发现以往没有意识到的知识间的关联，改变企业对于未来创新的预期，促使企业在新旧领域的结合中识别有价值的知识耦合。其次，相对于在原有技术领域的搜索，当研发活动延伸至异质性较高的新技术领域时，较大的选择空间和弹性能够帮助制造企业分散绿色创新的风险。因此，制造企业扩大搜索范围至新技术领域比只在原有技术领域范围内进行搜索更加有效，其受益远远大于其成本。据此，本书提出以下假设：

假设 5-2：新旧技术领域间的知识耦合正向影响制造企业的绿色创新。

(二) 冗余资源的调节作用

本书探讨的冗余资源主要为非沉淀和未吸收冗余资源，它们的使用相对灵活简单，是组织适应环境变化、转化战略模式的物质基础，能够使企业获得充足的空间培养创新能力，开发新产品、新技术等。非沉淀冗余资源主要有现金等价物、信贷能力等，未吸收冗余资源包括储备基金、企业留利、未利用的产能等。

1. 冗余资源对原有技术领域间的知识耦合与绿色创新的调节作用

当原有技术领域间的知识耦合程度处于较低水平时，意味着制造企业只在少数有限技术领域内进行知识搜索，且一般是企业最熟悉的技术领域，如原有的制造工艺、末端治理技术等。这时较高的冗余资源会使企业在熟悉但有限的技术领域内投入过多资源和精力，加剧制造企业对既定技术路线的路径依赖效应。企业仅停留在有限的技术领域内进行知识耦合，不仅搜索空间有限，也容易发生重复搜索并陷入能力陷阱，从而降低绿色创新的效果。另外，由于较低程度的知识耦合可能在长时间内难以产生有价值的绿色技术，这种情况下按照委托代理理论的逻辑，企业很有可能将冗余资源用于绿色技术研发之外的领域，如各种面子工程（Tan et al.，2003）。同时，由于被局限在少数技术领域内，过多的冗余资源还会误导企业对绿色创新技术的选择，使得一些本不合适的技术路线（如成本高、研发成功率低的绿色技术）在冗余资源富足的情况下也变得可行，增加了制造企业绿色创新的失败率。如 Child(1972)指出，在面对复杂的技术环境时，冗余资源的存在会使企业的决策变得鲁莽，造成资源浪费和风险增加。因此，当原有技术领域间的知识耦合程度较低时，冗余资源强化了原有技术领域间的知识耦合对绿色创新的负向影响。

当原有技术领域间的知识耦合程度处于较高水平时，企业可能在自己所掌握的大部分技术领域内都进行了知识耦合。在不同技术领域的知识搜索和知识耦合是一项耗费资源和精力的活动，制造企业拥有越多的冗余资源，对技术领域进行搜索的范围和深度越大，整合异质性知识的能力也越强，因此绿色创新的绩效也可能越好。

首先，Schiederig 等(2012)指出绿色创新成功的一个重要因素在于，制造企业拥有丰富的资源来尝试各类知识组合，能不断满足各利益相关者对环保的诉求。企业拥有较丰富的冗余资源，可以提升追赶新技术和新知识的能力，有更多的试错机会，从而能发现不同领域间潜在的知识耦合机会，更容易在耦合来自不同技术领域知识的过程中创造既能满足环保要求又具备市场价值的新技术和产品。江旭等

(2018)通过对我国机械制造业和化学制品制造业等行业的研究发现，冗余资源使企业拥有更多机会进行绿色创新探索和市场试验，并通过储存大量资源以应对环境波动，帮助企业开发新的绿色技术项目。Yang 等(2015)通过对新兴经济体制造企业的研究，认为冗余资源提升了制造企业的战略灵活性，有利于企业的绿色创新活动。其次，在进行深度知识耦合时，较多的冗余资源也有助于增强制造企业信息处理效率和能力，发现不同技术领域间知识耦合的关键结点，从而将研发资源配置在更有潜力的技术领域群中，提高知识耦合的成功率。如 Lee(2009)考察了韩国中小制造企业的绿色管理现状，发现冗余资源能够改善企业的绿色管理，从而提高绿色创新的成功率。因此，当原有技术领域间的知识耦合程度较高时，冗余资源可以强化原有技术领域间的知识耦合对绿色创新的正向影响。据此，本书提出以下假设：

假设 5-3：冗余资源强化了原有技术领域间的知识耦合与制造企业绿色创新的 U 形关系。

2. 冗余资源对新旧技术领域间的知识耦合与绿色创新的调节作用

当制造企业将新技术领域的知识与原有技术领域的知识进行耦合时，冗余资源在其中可能起负向调节作用。

首先，冗余资源虽然可以作为制造企业与外部动荡环境的缓冲物，但过多的冗余资源会在一定程度上隔绝制造企业与外部环境的联系，容易给企业造成“资源丰富”的假象，并使管理者过于乐观，进而采取不恰当的技术创新战略(Geiger et al.，2006)。如在跨越组织边界进行知识搜索时倾向于不断扩大搜索范围，误入“无限搜索”的歧途，导致资源过度消耗，时间成本快速攀升，不利于提高绿色创新的绩效。

其次，冗余资源特别是非沉淀冗余资源虽然使用灵活，但无法立即投入特定项目中，需要耗费时间和成本进行转化(Nohria et al.，1996)。如果制造企业只在原有熟悉的技术领域间进行知识耦合，则转化非沉淀冗余资源到特定项目中的时间和成本相对较低，但如果将知识搜索的范围扩大至新的技术领域甚至组织边界之外，则会显著导致企业在搜索、评估、选择与整合来自新技术领域知识时的时间延长、成本上升，产生技术规模不经济和范围不经济(Breschi et al.，2003)，降低绿色创新的效率。毕克新等(2015)在研究跨国公司技术转移对我国制造业绿色创新的影响时发现，制造企业在引进绿色技术的过程中，随着冗余资源的增加，企业技术资源也逐渐变得松散和零碎，吸收、消化与整合外部知识花费的时间也相应增加。

最后，过多的冗余资源意味着制造企业的资源较为分散，不利于企业集中资源在某一技术领域内的深入积累，导致在消化、吸收和整合来自新技术领域的异质性知识进行绿色创新时，阻力和成本也相应提升。如 Mishina 等(2004)的研究表明，冗余资源会分散制造企业的精力，导致企业在探索新技术领域的过程中难以找到新知识与现有知识基础的结合点，耽误企业的研发进程，不利于企业绿色创新。Xu(2015)的研究也指出，分散的资源导致企业在关系维护、知识管理及创新过程中的不确定性不断增加，成本快速攀升，从而创新失败的概率也相应提高。据此，本书提出以下假设：

假设 5-4：冗余资源负向调节新旧技术领域间的知识耦合对制造企业绿色创新的影响。

二、研究设计

（一）因变量

因变量制造企业绿色创新的测量方法参见本书第四章的内容。

（二）自变量

原有技术领域间的知识耦合（CEKD）与新旧技术领域间的知识耦合(CNEKD)的测量方法参见本书第四章的内容。

（三）调节变量

本书的调节变量为冗余资源(SR)。本书重点探讨非沉淀冗余资源和未吸收冗余资源的调节作用，参考 Herold 等(2006)和 Peng 等(2010)的度量方法，非沉淀冗余资源用流动资产除以流动负债进行度量。该指标代表短期偿债能力、(投资)融资能力，反映企业短期内可直接或转化后才能利用的冗余资源大小。该指标值越高，说明企业短期闲置或未充分发挥潜力的资源越多，企业可用来支持工艺创新或产品创新活动的短期自由资源越多。未吸收冗余资源用所有者权益除以总负债进行度量。该指标代表企业长期偿债能力、负债(融资)能力和投资能力，能够反映企业可以开发和利用的融资能力及投资能力，在一定程度上测度经识别或开发后可以用来进行工艺创新或产品创新的冗余资源。

在 Peng 等(2010)的研究中，上述两个指标能很好地聚合为一个因子来表示冗余资源。本书也对这两个指标进行主成分因子分析后，发现两个指标归于单一因子，因子载荷均为 0.8 以上，方差解释百分比为 65.7%，因而可取两个指标的平均值作为冗余资源的度量指标。

（四）控制变量

(1)技术相关性。一般而言，只有当企业预期实现绿色创新的概率较高时，才会作出知识耦合的决策，这种预期一定程度上来自技术相关性。因此，有必要将技术相关性作为控制变量纳入回归模型。参考暴海龙等(2004)的研究，本书利用专利国际分类的主分类与副分类的关系来描述两个不同技术领域间的相关程度，即

$$TR_{jk} = \sqrt{\frac{p^2 + q^2}{2}} \quad (p = u_j a, q = v_k b) \tag{5-1}$$

其中，a 为企业在以 j 为主分类号的专利中，属于副分类 k 的比例；b 为企业在以 k 为主分类号的专利中，属于副分类 j 的比例；u_j 表示同时属于主分类 j 和副分类 k 的专利数占企业所有专利数的比例；v_k 表示同时属于主分类 k 和副分类 j 的专利数占企业所有专利数的比例。随后在上述方法的基础上测量出企业全部的技术关联度，即

$$TR = \sum_{j}^{N-1} \sum_{k=j+1}^{N} TR_{jk} \tag{5-2}$$

(2)企业规模。企业规模越大，则越有能力在环保节能方面进行投入，从而对绿色创新产生显著影响，因此需要对该变量实施控制。根据 Cool 等(1987)的研究，本书采用主营业务收入的自然对数作为企业规模的测量指标。

(3)研发投入。企业的研发投入会产生某种程度的规模效应，从而影响企业绿色创新绩效。本书将企业每年研发投入的自然对数作为控制变量。

(4)企业创立时间。一些研究表明，创立之初的企业的首要目标是生存，只有成立时间达到一定期限后，企业才有精力去考虑环境保护等社会责任目标；并且创立时间越久的企业所积累的知识也越多，因而产生创新的概率越大(Sorensen et al.,2000)。根据文献常用处理方式，该指标采用上市时间来测量。

(5)行业和年度。本书以化学原料及制品制造业为基准行业设置行业虚拟变量，按不同年份设置年度虚拟变量。

三、结果分析

(一)假设检验

表 5-1 为各变量间的描述性统计结果和相关系数矩阵。因变量(Z_{GI})是根据判别模型计算出的代表企业绿色创新的变量值，由于篇幅所限，本书省略了判别分析的计算过程。表 5-1 显示，控制变量与自变量、因变量等显著相关，说明对控制变量进行控制是必要的；另外，共线性检验显示所有变量的 VIF 值均小于 4.673，TOL 值大于 0.494，即能够排除变量间的共线性问题。

表 5-1　主要变量描述性统计与相关系数

变量	均值	标准差	1	2	3	4	5	6	7	8
1. CEKD	3.814	6.319	1							
2. CNEKD	2.308	2.293	0.219**	1						
3. SR	1.257	1.182	0.248**	0.232**	1					
4. Z_{GI}	0.301	1.322	0.412***	0.398**	0.418**	1				
5.研发投入	4.792	8.196	−0.062	−0.053	0.027	0.364**	1			
6.技术相关性	0.271	0.224	0.672***	0.603**	0.214**	0.141**	0.069	1		
7.企业创立时间	8.308	4.602	0.111	0.106	0.025	0.124**	0.082*	−0.021	1	
8.企业规模	5.613	2.369	0.226*	0.175**	0.134*	0.155**	0.178*	−0.026	0.377**	1

注：***、** 和 * 分别表示 $p<0.01$、$p<0.05$ 和 $p<0.10$。

由于本书对知识基础的测量方式较为特殊，这种情况下固定效应模型可能不适合，因此本书采用了随机效应模型。同时，为了消除各变量量纲的影响，在回归分析时，本书对所有变量进行了标准化处理，表 5-2 为回归分析结果。模型 1 为只包含控制变量的基准模型。模型 2 和模型 5 在基准模型的基础上分别增加了 CEKD 和 CNEKD 两个自变量，模型 3 和模型 6 为含有控制变量、自变量和调节变量的主效应模型。由表 5-2 可以发现，所有模型均在 10%的置信水平上显著，同时相对于基准模型，其他模型的 ΔR^2 值都显著提高，这表明模型的拟合程度增强，所选自变量提高了方程的解释力。

表 5-2　绿色创新的多元回归模型

自变量	模型 1	模型 2	模型 3	模型 4	模型 5	模型 6	模型 7
CEKD		−0.103***	−0.098***	−0.109***			
CEKD 平方		0.086***					
CNEKD					0.114***	0.110***	0.112***
SR			0.315***	0.279***		0.321**	0.296**
CEKD×SR				0.083***			
CEKD 平方×SR				−0.078**			
CNEKD×SR							−0.088*
研发投入	0.127**	0.132**	0.124**	0.118**	0.135**	0.126**	0.130**
企业创立时间	0.092**	0.101**	0.095**	0.093**	0.104**	0.105**	0.109**
企业规模	0.211**	0.182**	0.190**	0.185**	0.193**	0.208**	0.202**

续表

自变量	模型 1	模型 2	模型 3	模型 4	模型 5	模型 6	模型 7
技术相关性	0.143**	0.167**	0.177**	0.158**	0.172**	0.181**	0.155**
行业和年度	控制	控制	控制	控制	控制	控制	控制
截距项	−0.892**	−0.883**	−0.879**	−0.912**	−0.885**	−0.895**	−0.903**
R^2	0.216	0.606	0.637	0.664	0.597	0.640	0.659
ΔR^2		0.390**	0.421**	0.027**	0.381**	0.424**	0.019**
F	5.874**	6.493**	6.843**	7.172**	6.528**	6.877**	6.989**

注：***、**和*分别表示 $p<0.01$、$p<0.05$ 和 $p<0.10$。

模型 2 的结果显示，CEKD（原有技术领域间的知识耦合）和 CEKD 平方的回归系数分别显著为负（回归系数为−0.103，$p<0.01$）和显著为正（回归系数为 0.086，$p<0.01$），这表明原有技术领域间的知识耦合与企业的绿色创新呈现 U 形的曲线关系，因而假设 5-1 获得部分支持（“门槛效应”将在后文中进一步检验）。模型 5 的结果显示，CNEKD（新旧技术领域间的知识耦合）的回归系数显著为正（回归系数为 0.114，$p<0.01$），因而假设 5-2 获得支持。

对于冗余资源在原有技术领域间知识耦合与绿色创新关系中的调节作用，本书利用模型 3 和模型 4 进行检验。模型 4 在主效应模型 3 的基础上增加了自变量（CEKD）以及 CEKD 平方与调节变量（冗余资源 SR）的交互项，结果显示，相对于模型 3，模型 4 的解释力显著提高（ΔR^2 增加），且 SR 与 CEKD 的交互项系数显著为正（0.083，$p<0.01$），而 SR 与 CEKD 平方的交互项系数显著为负（−0.078，$p<0.05$）。根据 Haans 等（2015）对 U 形关系调节作用检验的研究结论，由此可认为冗余资源强化了原有技术领域间的知识耦合与制造企业绿色创新的 U 形关系，假设 5-3 得到验证。

对于冗余资源在新旧技术领域间知识耦合与绿色创新关系中的调节作用，本书利用模型 6 和模型 7 进行检验，模型 7 在主效应模型 6 的基础上增加了自变量（CNEKD）与调节变量（SR）的交互项。相对于模型 6，模型 7 的解释力显著提高（ΔR^2 增加），SR 与 CNEKD 的交互项系数显著为负（−0.088，$p<0.10$）。按照温忠麟等（2005）的建议，可判断冗余资源负向调节新旧技术领域间的知识耦合对绿色创新的影响，假设 5-4 成立。

为进一步考察在不同水平的冗余资源情境下，两种知识耦合方式对绿色创新的影响，本书根据 Aiken 等（1991）的观点，将冗余资源划分为高、低两个水平（均值加减 1.5 个标准差），将原有技术领域间的知识耦合以及新旧技术领域间的知识耦合分别划分为强、弱两个水平(均值加减 1.5 个标准差)，以描述在不同水平的冗余资源情境下的两类知识耦合对绿色创新的影响，其直观的调节作用如图 5－1 和图 5－2 所示。图 5－1 中，在冗余资源较高的情境下，原有技术领域间的知识耦合与绿色创新之间的 U 形关系曲线更加陡峭，即随着冗余资源的增加，原有技术领域间的知识耦合与绿色创新的 U 形关系被强化。图 5－2 中，在冗余资源较低的情境下，绿色创新受新旧技术领域间知识耦合的正向影响较大，即随着企业在新旧技术领域间知识耦合强度的提高，绿色创新的效果会提升；而在冗余资源较高的情境下，新旧技术领域间知识耦合对绿色创新的正面影响大大降低，即随着新旧技术领域间知识耦合程度的增强，绿色创新的效果在减弱。

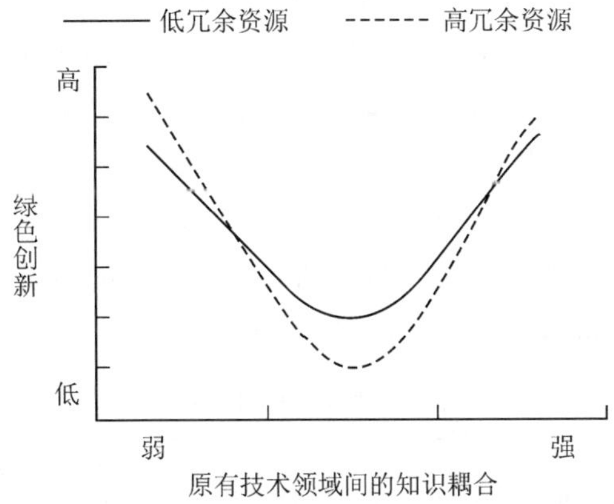

图 5－1　冗余资源对原有技术领域间的知识耦合与绿色创新的调节作用

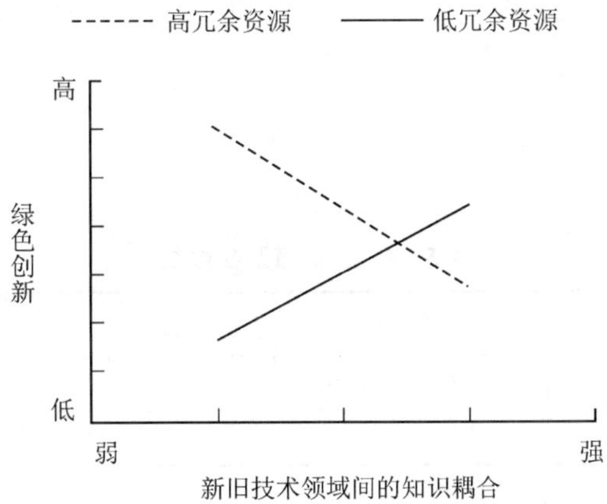

图 5－2　冗余资源对新旧技术领域间的知识耦合与绿色创新的调节作用

对于假设 5－1 的“门槛效应”检验，我们利用 Hansen(1999)提出的面板门槛回归模型，将CEKD的门槛值作为一个未知变量纳入回归模型中，构建分段函数，并对该“门槛效应”及相应门槛值进行估计和检验。由于门槛变量可能会存在多个门槛值，因此建立如下以CEKD为门槛变量的门槛面板数据模型：

$$Z_{GI}=\lambda+\lambda_1 CEKD\times I(CEKD\leqslant r_1)+\lambda_2 CEKD\times I(CEKD>r_1)+\cdots+\lambda_{n+1} CEKD\times I(CEKD<r_n)+\beta_1 CNEKD+\beta_2 SR+\beta_3 CEKD\times SR+\beta_4 CNEKD\times SR+\alpha X_{it}+\xi \quad (5-3)$$

其中，r 是具体的门限数值；变量 αX_{it} 为本书的所有控制变量；$\lambda_1,\lambda_2,\cdots,\lambda_n$ 为待估算的门槛值；$I(g)$ 为门槛指标函数。随后，通过400次的Bootstrap自抽样方法，分别对单门槛、双门槛和三门槛模型进行检验，估计LM统计量及 p 值，结果如表5-3所示。由表5-3可知，LM统计量的显著性水平显示门槛变量CEKD存在单一门槛值。接着计算门槛值，如表5-4所示。当CEKD低于门槛3.689时，系数估计值显著为负（−0.082），原有技术领域间的知识耦合会抑制绿色创新；当CEKD跨越门槛值时，系数估计值显著为正（0.090），原有技术领域间的知识耦合促进绿色创新。这表示原有技术领域间的知识耦合对绿色创新的影响并非线性的，而是存在一个“拐点”或“门槛”，即原有技术领域间的知识耦合和绿色创新之间符合U形曲线关系，假设5-1获得支持。

表5-3　门槛效应估计与检验结果

门槛变量	门槛模型	Bootstrap LM值	不同显著水平临界值		
			90%	95%	99%
CEKD	单门槛	5.98	2.97	3.95	7.25
	双门槛	2.33	2.80	3.79	6.45
	三门槛	1.28	2.68	3.78	7.14

注：采用Bootstrap自抽样方法反复抽样400次得到的结果；***、**和*分别表示 $p<0.01$、$p<0.05$ 和 $p<0.10$。

表5-4　门槛值及参数估计

参数	变量	估计值	t 值
λ_1	CEKD≤3.689	−0.082**	−3.15
λ_2	CEKD>3.689	0.090**	2.82

注：** 表示 $p<0.05$。

（二）稳健性检验

为使研究结果更可靠，本书采用了多种方式进行稳健性检验。首先，比较固定效应模型与随机效应模型，进行 Hausman 检验，结果显示固定效应模型未达到显著水平，可判断随机效应模型更优。其次，由于本书自变量的测量结果受所选时间窗口的影响，因此选择合适的时间窗口非常重要。为了检验本书所选择的 3 年期窗口是否合适，我们在表 5-5 中的模型 8 和模型 9 中分别对自变量的时间窗口进行了调整，由原来的 3 年（$t-2$ 和 t，$t-3$ 和 $t-5$）分别调整为 2 年（$t-1$ 和 t，$t-2$ 和 $t-3$）和 5 年（t 和 $t-4$，$t-5$ 和 $t-9$）。结果显示，2 年期窗口模型 8 的结果与原来的一致，但是 5 年期窗口模型 9 中，新旧技术领域间的知识耦合与冗余资源的交互项不再显著，模型 9 的结果不支持假设 5-4。出现这种矛盾结果的原因可能是随着时间窗口的延长，由知识耦合所导致的知识基础变化越大也越难以控制，而时间窗口太短，知识耦合又难以体现企业知识基础发生的变化。因此这也在某种程度上表明，我们所选择的 3 年期时间窗口是较为合适的。再次，在模型 10 中我们将原有技术领域间的知识耦合分解为耦合程度增加（ICEKD）和耦合程度减少（DCEKD）两个变量，结果显示这两个变量对于企业绿色创新的影响效应是一致的，这也进一步证实了前文关于原有技术领域间知识耦合的观点。同时，为检验本书在自变量测量中“利用第一四分位数来判断耦合达到显著变化水平”的设置是否合适，我们在模型 11 和模型 12 中，分别利用第一三分位数和第一五分位数的设置重新测量了自变量，模型 11 的结果则只支持假设 5-2 和假设 5-4，而模型 12 的结果则不支持假设 5-1。其原因可能在于三分位数的设置不够敏感，无法较好地反映知识耦合两阶段的变化情况，而五分位数的设置又过于敏感，且受到样本知识基础规模的影响更明显。因此，这也在某种程度上表明四分位数的设置是合适的。最后，为考察本书的结论是否适用于其他行业，我们在模型 13 中利用 88 家非制造业企业样本对假设进行稳健性检验，结果显示本书的假设在非制造业企业中同样成立。

表 5-5　稳健性检验

自变量	模型 8	模型 9	模型 10	模型 11	模型 12	模型 13
CEKD	−0.107***	−0.93***		−0.114	−0.086	−0.071***
CEKD 平方	0.095***	0.081***		0.101	0.075	0.055***
CNEKD	0.118***	0.105***	0.091***	0.122**	0.089***	0.094***
ICEKD			−0.062***			
DCEKD			−0.056***			
ICEKD 平方			0.043***			
DCEKD 平方			0.051***			

续表

自变量	模型 8	模型 9	模型 10	模型 11	模型 12	模型 13
SR	0.337***	0.322***	0.318***	0.208*	0.309**	0.347***
CEKD×SR	0.056***	0.049***		0.039	0.037**	0.051**
CEKD 平方×SR	−0.047**	−0.043**		−0.031	−0.036**	−0.051**
CNEKD×SR	−0.065*	−0.027	−0.058*	−0.054*	−0.047***	−0.077***
R^2	0.587	0.590	0.594	0.565	0.602	0.592
F	6.387**	6.426**	6.477**	6.342**	6.406**	6.470**

注:***、** 和 * 分别表示 $p<0.01$、$p<0.05$ 和 $p<0.10$;由于篇幅所限,截距项与控制变量未列出。

四、小结

在制造业绿色发展的战略背景下,如何帮助制造企业更好地实施绿色创新,提升绿色创新绩效,逐渐成为创新管理领域中值得进一步研究的热点。与以往多数研究只关注知识基础的静态特征不同,本书主要探讨了制造企业在不同技术领域间进行知识耦合如何影响制造企业的绿色创新。为了能够深入理解其中的影响机制,本书运用知识基础观、资源基础观与绿色创新等理论,通过对 128 家上市制造企业的实证分析,得出如下结论。

研究发现,制造企业在原有技术领域间的知识耦合与绿色创新之间存在先降后升的 U 形关系且存在"门槛效应"。当原有技术领域间的知识耦合程度较低时,不利于制造企业绿色创新,只有原有技术领域间的知识耦合程度跨越特定门槛值时,才会有利于绿色创新。该结论扩展了 Subba 等(2010)的观点,即在熟悉技术领域间的知识搜索与开发只有达到一定的深度,反复尝试了各种的知识组合之后,才能避免陷入"熟悉陷阱"中,创造新知识和技术。并且,制造企业冗余资源的存在会强化原有技术领域间的知识耦合与绿色创新的 U 形关系。知识耦合水平较低,冗余资源反而加剧了原有技术领域间的知识耦合对绿色创新的负面影响;而当知识耦合水平较高时,冗余资源又会使得原有技术领域间的知识耦合对绿色创新的促进作用更加有效。

新技术领域与原有技术领域间的知识耦合有利于促进制造企业实现绿色创新。其原因主要在于相对于原有技术领域间的知识耦合方式,新旧技术领域间的知识耦合更容易帮助制造企业识别有价值的创新机会,并突破原有的认知框架去尝试以往没有考虑过的知识组合方案,从而产生跨领域的新创意和技术。并且,涉及新技术领域的跨界搜索能够避免制造企业陷入"熟悉陷阱"中。该结论为目前关于绿色创新的研究做出了增量贡献，即大多数绿色创新成果都需要进行广泛的知识搜索，并进入那些从未被探索过的领域。同时，该结论也与知识基础观理论的观点相呼应，即通过获取组织外部新的异质性知识，并将其与组织内原有知识基础整合，会更有助于制造企业创造出全新的技术和创新变革(Ozman,2010)。而当冗余资源程度较高时，容易对制造企业的知识搜索策略产生不利影响，使得新领域与原有领域之间的知识耦合变得十分复杂，最终导致新旧技术领域间的知识耦合对绿色创新产生负面影响。

第二节　网络密度、高管注意力与制造企业绿色创新：制度合法性和知识基础的调节作用

根据前文的分析以及相关文献的研究，不难发现仅依靠企业自身的技术经验和知识积累开展绿色创新难以取得成效，并且有关学者认为突破组织边界去广泛地搜索各种异质性知识是展开绿色创新更有效的方式。另外，社会网络理论的研究指出，企业所嵌入的网络关系具有极高的价值，能够帮助企业获取仅依靠自身积累难以实现的资源与收益(Granovetter,1985)。受到社会网络理论的启发，部分研究绿色创新的学者指出，与外部组织建立联结关系，形成稳定、持久的组织间网络，并从中获取绿色创新所需的知识是企业开展绿色创新的一个可靠途径(余菲菲,2015)。当利用社会网络理论来研究企业绿色创新时，需要解决的一个关键问题便是企业究竟嵌入何种结构的组织间网络更有利于绿色创新。类似的议题也是社会网络领域的一个研究热点，但是现有社会网络领域的研究难以给出确切答案，在网络结构特别是网络密度对企业创新的影响效果方面，形成了正负相关、U形和倒U形关系等相互矛盾的结论(Burt ct al.,2013)。对此，一些学者指出，外部网络只是给企业提供了接触知识的机会和途径，仅仅嵌入其中并不能保证企业自动实现诸如创新提升和绩效改善等效果(Smith et al.,2012)。因此，想要更好地利用这些来自外部网络的知识来促进绿色创新，还需要考虑企业相关人员在认知层面上如何选择合适的信息处理策略，以便控制、加工和处理这些来自外部网络的知识和信息。

对于上述问题，来自战略管理领域高阶理论的注意力基础观给了我们启示。该理论认为，企业的行为和决策在某种程度上是高层管理者注意力配置的反映，管理者会有意识或无意识地将自身“关注的重点和偏好”带入决策过程(Ocasio,1997)。由此可推论，企业的绿色创新活动，很大程度上也取决于高管对于该议题的关注、认知和判断。因此，在探讨组织间网络对绿色创新的影响机制时，企业高

管的注意力可能是一个关键因素。Lewis 等(2014)学者也指出,现有绿色创新研究领域的一个缺陷在于对高管个体因素,特别是高管认知层面的因素关注不够。企业在通过组织间网络接触和获取绿色创新所需知识的过程中,高管的注意力因素在其中是否起到了关键作用,它与网络密度的共同作用会对企业绿色创新造成什么的影响,通过将注意力基础观与社会网络理论整合,也许能为我们解决上述问题提供新思路。

大量研究发现,由于绿色创新并不能给予企业立竿见影的经济利益,因此外部制度层面的因素要比逐利的经济动因对绿色创新的驱动作用更为明显。新制度理论认为,企业实施绿色创新的主要目的在于获取和提升组织合法性,并指出政府规制(规制合法性)、行业规范(规范合法性)和同业企业的压力(认知合法性)是推动绿色创新的关键制度因素(张天悦,2014)。尽管目前新制度理论视角对绿色创新的研究取得了丰富成果,但少有研究探讨在制度合法性情景下,企业高管对于绿色创新相关议题(如外部知识获取策略)的认知和注意力配置会如何反应,即在组织间网络、高管注意力配置与企业绿色创新的关系中,制度合法性是否具有调节作用。

基于上述分析,本书运用社会网络理论、新制度主义理论和注意力基础观,选取网络密度这一反映组织间网络结构的关键变量,探讨网络密度与高管注意力配置的组合匹配对企业绿色创新的差异化影响以及制度合法性在其中的调节作用。通过内外双元视角,厘清不同制度合法性情景下网络密度与高管注意力的交互作用对绿色创新的影响机理,期望能为企业在绿色创新过程中根据不同制度合法性,以及所嵌入的组织间网络密度情况,选择合适的注意力配置策略提供理论参考。

一、理论假设

(一)高密度网络、注意力配置与企业绿色创新

本书认为在高密度网络内,企业高管的注意力聚集策略会比注意力分散策略更加有利于企业绿色创新。首先,嵌入在高密度网络中的组织彼此间容易形成强联结关系,这种强联结关系使得各个组织之间可以转移和传递复杂的知识和信息。Grupp 等(2018)的研究发现,复杂知识是进行绿色技术研发的重要元素。然而复杂知识的吸收和整合需要耗费大量的精力与时间,因此采取注意力聚集策略能够使得企业高管利用大量的注意力资源来处理这些复杂知识,并领导企业对其进行消化和整合,从而帮助企业在绿色技术领域实现突破。同时,当企业高管将注意力聚集到网络中某些特定组织上时,也利于企业进行深度的知识搜索。Muscio 等(2017)的研究显示,深度的知识搜索有助于企业更好地了解绿色环保相关技术的

知识结构，以及这些知识与企业现有知识基础的内在逻辑，使得企业能够高效地吸收绿色环保相关知识并与企业现有的知识基础整合，从而实现绿色创新。其次，高密度网络意味着网络内的组织之间存在大量紧密的联结关系。Burt（2004）的结构洞理论认为，虽然这种紧密的联结关系能够提高组织间交流的频率，并在网络内产生数量庞大的知识和信息流，但紧密网络相对封闭，过多的知识与信息流动容易造成信息超载并产生大量冗余知识，妨碍企业吸收和整合那些有价值的知识，降低企业创新的效率。因此这种情况下，当企业高管采取注意力聚集策略时，可以缩小企业知识搜索范围，从而有效减少冗余知识的干扰，避免企业迷失在海量的信息中；并且由于高密度网络内多数组织所掌握的知识趋同，即使企业高管只关注少数特定的组织，也能够获取绿色创新所需的足够知识。最后，高密度网络容易使得网络内各组织之间形成信任关系。Tortoriello 等（2015）的研究发现，信任关系可以增加组织之间进行绿色环保知识和技术的分享意愿。因此在这种情况下，将注意力集中在特定组织上，能提高绿色相关知识获取的速度和质量，从而促进绿色创新。

相反，如果在高密度网络内的企业采用注意力分散策略，则不利于绿色创新。首先，由于高密度网络内充斥着大量冗余信息和知识，而分散的注意力配置容易导致企业高管被大量冗余的、重复的知识所包围，造成信息处理超载，使其难以领导企业从中发现对绿色创新有重要作用的新颖的、异质的知识。其次，当企业高管的注意力分配过于分散时，有限的信息处理能力使其更倾向于关注简单熟悉的知识，而忽略复杂和异质性知识。Lee（2009）对韩国制造企业的研究发现，企业如果只利用以往熟悉的生产制造领域内的技术和知识进行研发，则难以在绿色环保技术方面有所突破。最后，网络密度会产生“过度的嵌入性”的问题，导致企业需要投入大量的时间、精力去维持与其他组织的关系，从而影响企业在绿色创新上的投入。据此，本书提出以下假设：

假设 5－5：在高密度网络中，相对于注意力分散策略，采用注意力聚集策略更有利于企业绿色创新。

（二）低密度网络、注意力配置与企业绿色创新

本书认为在低密度组织网络中，企业采取注意力分散配置更加有利于绿色创新。首先，根据结构洞理论，低密度网络内的组织之间存在的基本都是非冗余的弱联结关系，从而在网络中形成了大量结构洞。当企业高管在低密度网络中采取注意力分散策略时，有助于企业与大量组织建立弱联结关系，使其成为桥接结构洞的网络成员，从而在整个网络中获得控制地位和网络势力。这不仅能有效地减少网络中各组织间的无效联结，而且使得企业在接触和获取最新信息和知识方面具有明显优势，能更快速高效地获取绿色创新所需的各类知识。Dai 等（2015）研究显

示，在行业中具有控制地位和权力的企业在把握和利用循环生产、末端治理等环保技术上具有明显优势。Lehtonen(2014)的研究也发现，占据结构洞的企业更易掌握消费者的环保需求、市场上绿色产品和服务的增长空间，以及环保政策和法律法规等与绿色创新密切相关的知识和信息。其次，虽然通过注意力分散策略与众多组织建立的弱联结关系会导致企业只能从每个组织中获取少量知识，但由于低密度网络内所传递的知识和信息基本都处于较低的冗余水平(Burt，1992)，因此企业可以从这些弱联结关系中接触和获取大量非冗余、异质性和多样化知识。来自绿色创新领域的研究表明，异质性和多样化知识能够有效提升企业绿色创新效果(Schiederig，2010)。最后，稀疏的组织间网络容易阻碍网络信任机制的形成，增加机会主义发生的风险，而注意力分散策略能够帮助企业扩大知识获取来源，有效分散由某些知识源产生的机会主义风险，在一定程度上降低企业在绿色创新过程中失败的概率。

反之，在低密度组织网络中，企业采取注意力聚集策略则不利于绿色创新。根据结构洞理论，低密度网络内成员之间存在的大量弱联结关系虽然有利于传递异质性知识，但却不利于复杂技术知识的转移，也难以交换和转移大量模块化、成套性的知识。因此，如果企业高管只将注意力分配在少数网络成员中，一方面，难以获取满足绿色创新所需的足够知识量，且通过这种方式获取的知识，其复杂度和深度也无法支撑企业实施绿色创新；另一方面，注意力聚集策略也使得企业失去了获取不同领域异质性知识的机会。据此，本书提出以下假设：

假设5-6：在低密度网络中，相对于注意力聚集策略，采用注意力分散策略更有利于企业绿色创新。

(三)制度合法性的调节作用

组织社会学的新制度主义理论主要利用"合法性"机制来解释企业行为，认为企业为了能够从嵌入的制度环境以及利益相关者那里获得支持和资源，会采取那些在场域中得到制度承认的策略和行为，以获取和提升合法性(DiMaggio，2000)。与西方制度下企业的多方治理机制不同，我国企业行为更多来源于对政府和市场的响应，因而本书所探讨的制度合法性主要为来自政府的规制合法性和来自市场上同行企业和竞争对手的模仿压力，暂不探讨来自行业协会的规范合法性。

对于绿色创新而言，规制合法性可视为政府将绿色环保设定为评价企业合法性的关键标准，并通过相应的强制性环境规制手段，如制定污染防治指标、环保法律、行政命令和奖惩措施等，对企业施加规制合法性压力。规制合法性被理论学者和业界人士视为推动企业进行绿色创新的关键外部力量。大量研究显示，企业为获取合法性，通常会积极展开绿色创新以服从和满足相关的环境规制。同时，正如前文所述，由于从组织外部获取各种异质性知识是大部分企业开展绿色创新的有效选择，因此为了满足规制合法性下的技术标准和环保要求，大量企业会积极地向组织外部搜寻、获取和转移与绿色环保相关的各类知识与技术（如节能减排、清洁能源、末端治理等）来提升合法性，规避可能产生的政治和法律风险。一些研究也表明，政府通过行政命令和法律法规等环境规制措施，可以迫使那些在环保技术和环保意识方面较为薄弱的企业积极地从外部吸收相关绿色知识，从而提升绿色技术（Dong et al.，2013），即规制合法性会使得企业跨越组织边界对外寻求相关知识的意愿和行为更为迫切。

认知合法性对于组织的同构作用主要来源于模仿压力，指的是企业在认知和理解组织间网络内其他企业和组织行为时所感受到的压力，并由此产生的模仿行为。嵌入性特征使得企业具有模仿其他网络成员的倾向，特别是当市场的复杂性与不确定性较高时，企业更倾向于采取最为稳健的策略，即模仿行业内企业的战略来获得合法性。由于与绿色环保相关的技术较为复杂，市场上消费者对环保产品的需求也存在较大的不确定性，因此绿色创新的风险性较高，这就使得企业在实施绿色创新的过程中，会密切地关注和参考同行业中其他企业的绿色创新活动。绿色环保方面的压力越大，企业会越倾向于加强与外部各组织的联系与合作，获取市场和竞争对手的相关信息，以及与绿色环保相关的各类知识和技术，以深入了解市场和行业中绿色环保技术的优劣，加强对绿色创新范式的认识。

综上所述，由于在规制合法性和认知合法性下，网络内各企业对外获取绿色知识的意愿和行为都大量增加，这就使得企业所嵌入的组织间网络密度不论是高或低，也不论采取哪种注意力策略都更容易从组织外部获取相关知识，从而提高绿色创新的效果。

进一步考察可以发现，对企业而言，由于规制合法性和认知合法性的合法性来源与机制不同，因此影响效应也存在差异。在新制度主义学派中，合法性机制对组织的作用一般被认为存在两个层次，即强意义上的合法性机制以及弱意义上的合法性机制（周雪光，2010；Meyer，1977）。对于规制合法性而言，其所施加的属于强意义合法性机制，即制度具有强大的约束力，主要通过惩罚机制来影响组织的行为或选择，在这种压力下组织的行为选择是很有限的（Douglas，1986）。同时又由于绿色创新的高风险和长周期特征，因此企业高管往往会将感知到的这种强制性、惩罚性和限制性的规制合法性解释为企业实现商业价值的威胁，再加上政府某些规制的不稳定性，使得企业在推动绿色创新相关议题进入企业的决策程序时会处于一种被动状态，在资源投入、外部知识搜索、获取与整合方面也会有所保留。对认知合法性而言，其所施加的属于弱意义合法性机制，与强意义合法性机制相比，弱意义合法性机制主要是通过资源分配或激励机制来影响组织行为（曹正汉，2005）。同时从企业视角而言，预期收益最大化又始终是绿色创新的重要推动力。因此在逐利和弱意义合法性的双重逻辑下，认知合法性很多时候被企业高管解读为一种由市场环保需求而带来的商机，这时企业会比在规制合法性下的响应更积极，高管会将更多的注意力配置于节能减排、环保技术等与绿色创新相关的议题上，从而提高这些议题进入企业决策程序的概率，最终推动企业开展各种绿色创新实践。例如，胡美琴等（2008）发现，当企业意识到所进行的绿色创新可以形成先发优势、提高企业声誉，并为企业在与利益相关方的对话中增加话语权时，会更积极地投身绿色发展。同时 Kam 等（2013）的研究显示，采用了绿色创新并获得了一定市场地位的企业，为了确保市场地位也会倾向于通过合作、技术转让和出售等方式说服其他相关企业使用自己所开发的环保技术，以此来引领行业发展趋势；而其他企业为了提高和挖掘自身的绿色竞争力，也会通过加强与各类组织的沟通和合作来及时判断和追踪环保技术的趋势、市场需求变化等。这些都有助于组织间网络内各企业从外部获取绿色创新相关知识。据此，本书提出以下假设：

假设 5-7：规制合法性正向调节网络密度和注意力配置策略的交互作用对企业绿色创新的影响。

假设 5-8：认知合法性正向调节网络密度和注意力配置策略的交互作用对企业绿色创新的影响。

假设 5-9：相对于规制合法性，网络密度和注意力配置策略的交互作用与企业绿色创新的关系更容易受到认知合法性的正向调节。

二、研究设计

（一）数据收集

本节研究的样本为广东、湖北、湖南和广西四个省份的制造业企业。一方面，相对于其他行业的企业，制造业企业对环境影响较大，受到来自政府和社会更多的监督，绿色创新的积极性也较强。因此本研究具有良好的代表性，且大量以绿色创新为主题的文献也倾向于采用制造业企业为研究样本。另一方面，广东属于经济发达省份，湖北、湖南属于经济中等发达省份，而广西属于经济欠发达省份，同时将四省作为问卷发放区域能够大体反映中国经济发展状况，也能避免各地文化差异对数据分析结果的影响。

在发放问卷之前，本研究团队选取了五家制造企业进行深度访谈（五家制造企业的部分信息见本书第三章第二节、第三节），以了解这些企业在关系网络建立、环境问题关注、制度合法性感知与绿色创新方面的翔实情况，并咨询了绿色创新领域三位教授的意见。在此基础上，参考现有文献中被广泛认可的量表并根据案例企业访谈情况开发量表题项。样本企业的选取依据当地政府统计部门或开发区管委会提供的具有研发能力的制造类企业目录并从中随机抽样产生。在当地政府相关部门的配合下，选择熟悉企业绿色创新活动的高管人员为问卷调查对象，征得他们同意后通过实地走访或电子邮件的渠道发放问卷。本次调查共发放问卷 455 份，实地发放 265 份，电子邮件发放 190 份，收回问卷 332 份，其中有效问卷 282 份。样本企业的特征如表 5 - 6 所示。

为检验从不同渠道获取的数据是否可以合并，根据一些学者的建议（陈钰芬，2009），本书利用方差分析进行检验。结果显示，不同渠道测量的各变量的 p 值均在 10％水平上显著，因此，本研究从两种渠道获取的数据能够合并为整体并可用于后面的多元回归等分析。

表 5 - 6　样本企业的特征描述

企业特征		样本量	百分比/%
所属行业	医药制造	60	21.28
	专用设备制造	40	14.18
	计算机、通信和电子设备	91	32.27
	电气机械和器材制造	55	19.50
	化学原料及制品制造	16	5.67
	交通运输设备制造	12	4.26
	橡胶和塑料制品制造	8	2.84
企业规模	2000 人以上	21	7.45
	1001—2000 人	52	18.44
	501—1000 人	101	35.82
	101—500 人	92	32.62
	100 人以下	16	5.67
地区	广东	104	36.88
	湖北	78	27.66
	湖南	55	19.50
	广西	45	15.96

(二)变量测量

为规避回答者的趋中倾向，本书的问卷量表均采用李克特六点量表，问卷量表具体的测量题项、信度和构建效度检验如表 5-7 所示。在内容效度上，本书的量表均借鉴以往文献中的成熟量表，这些量表有理论支撑且大部分都被多次检验；同时再通过详细咨询有关学者和业界专家，对量表进行适当改编，使其具备较高的内容效度。

表 5-7　变量的信效度检验

变量	测量指标	因子载荷	α 值	CR	AVE
绿色创新	企业的节能减排水平在同行业中处于领先水平	0.835	0.781	0.790	0.542
	绿色创新产品销售额占企业总销售额的比例不断提高	0.763			
	企业因绿色创新树立了良好的社会形象	0.739			
	不断研发绿色环保技术并开发新的绿色产品	0.718			
	不断改进生产制造环节以达到更高绿色生产标准	0.690			
网络密度	相对于同行的其他企业，与本企业在绿色创新方面有合作和交易关系的同业企业更多	0.893	0.834	0.784	0.637
	相对于同行的其他企业，与本企业在绿色创新方面有合作和交易关系的客户更多	0.755			
	相对于同行的其他企业，与本企业在绿色创新方面有合作和交易关系的供应商更多	0.676			
	相对于同行的其他企业，与本企业在绿色创新方面有合作和交易关系的中介、咨询机构更多	0.644			
高管注意力配置	企业高管重视来自该企业的知识和信息	0.846	0.862	0.843	0.714
	企业高管经常思考如何将来自该企业的知识和信息与本企业进行整合	0.781			
	企业高管经常解读来自该企业的知识和信息	0.724			
	企业高管对于来自该企业的知识和信息投入了大量的时间和精力	0.688			

续表

变量	测量指标	因子载荷	α 值	CR	AVE
规制合法性	政府对破坏环境的经营行为有严厉的惩罚措施	0.816	0.891	0.885	0.775
	政府制订了严格的有关环保的法律法规	0.766			
	政府通过各种形式在社会上宣传绿色环保的理念	0.719			
	政府对公众举报的破坏环境的生产经营活动有迅速的反应	0.691			
认知合法性	本地和同行企业因其绿色环保措施而扩大了它们的影响力	0.846	0.855	0.819	0.738
	本地和同行企业的绿色创新情况对本企业有深刻影响	0.787			
	绿色创新效果好的本地和同行企业在经营中的效益也好	0.768			
	大部分本地和同行企业都开展了绿色创新	0.709			

1. 因变量

企业绿色创新是所要研究的因变量。本书前言部分对绿色创新的界定包含了过程和结果两个层面，因此在综合 Jansen 等(2006)、张钢等(2014)、Chan(2005)研究的基础上，结合前期对企业绿色创新访谈结果对量表进行适当改编，从企业在绿色创新方面的行为活动(对工艺、生产和产品等生产制造系统的改良和创新)和取得的创新效果(减少环境损害和取得的经济效益)两个层面进行测量，共设计 5 个题项进行度量。

2. 自变量

(1)网络密度。本书对于网络密度的测量采用样本企业局部的自我中心网络密度来表征。量表在参考 Reagans 等(2003)、朱亚丽等(2012)研究的基础上，结合前期访谈结果对题项进行适当调整与改编，共设计 4 个题项进行度量。

(2)注意力配置。对于注意力配置的测量，我们首先参考 Burt(2013)的研究，采用提名生成法让样本企业列举出在过去 5 年内与本企业在绿色创新方面有合作和交易关系的组织名单(包括同行企业、客户、供应商、中介机构等)，同时参照 Ocasio(2011)、Fiske 等(2013)的研究，从注意力配置的关注、编码、解释和时间投入四个方面设计了 4 个题项，详见表 5－7；要求填答者对于所列举的每一个组织，都按照上述 4 个题项来回答对该组织投入的注意力情况。随后，我们参考战略管理领域中测量产业集中度和企业多元化经营程度的赫芬达尔-赫希曼指数的逻辑，计算企业高管在组织间网络中的注意力配置情况，计算公式如下：

$$\mathrm{AA}=\sum_{j}^{N} e_{ij}^{2} \quad (i \neq j) \tag{5-4}$$

其中，$e_{ij}=\frac{a_{ij}}{\sum_{q=1}^{N} a_{iq}}$；$a_{ij}$ 是指企业 i 对网络成员 j 的 4 个题项上注意力配置得分的均值，表示企业 i 对于来自网络成员 j 的知识和信息的注意力配置情况；e_{ij} 是指企业 i 配置在企业 j 上的注意力值占企业 i 配置到其所列举的全部组织上注意力值的比例。因此，AA 代表了样本企业注意力配置的聚焦与分散程度，AA 的值越大，则企业的注意力配置越聚焦；反之，注意力配置则越分散。

3. 调节变量

（1）规制合法性。参考陈力田等（2018）、Zhu 等（2014）学者开发的量表，结合前期访谈结果对题项进行适当改编，共设计 4 个题项进行度量。

（2）认知合法性。参考 Scott（2013）、李怡娜（2011）开发的量表，结合前期访谈结果对题项进行适当改编，共设计 4 个题项进行度量。

4. 控制变量

（1）企业年龄。根据文献中常用处理方式，本书用此次问卷回收年份（即 2018 年）与企业成立时间之间的差值来测量企业年龄。

（2）企业规模。根据 Ahuja（2000）的研究，采用企业员工人数作为企业规模的测量指标，并将其划分成五个等级，100 人以下设为“1”，100～500 人设为“2”，501～1000 人设为“3”，1001～2000 人设为“4”，2000 人以上设为“5”。

（3）所有制性质。本书将所有制性质划分为国有企业、民营企业和外资企业三类，以国有企业为参照系，设置 0 和 1 虚拟变量。

（4）行业。本书以医药制造业为基准行业设置行业虚拟变量。

三、结果分析

（一）验证性因子分析和同源偏差检验

在检验研究假设之前，首先需要对绿色创新、网络密度、规制合法性和认知合法性四个研究变量进行验证性因子分析。我们采用同源同质合并的方式设计了三个测量模型作为竞争模型。表 5－8 列出了各因子模型的含义和检验结果，经比较发现 4 因子模型的拟合指标最优，这说明该模型能较好地展现测量模型的因子结构。

表 5-8　验证性因子分析结果

测量模型	χ^2/df	CFI	NFI	IFI	RMSEA
四因子模型：LS，WL，GZ，MF	1.831	0.913	0.905	0.921	0.082
三因子模型：LS+WL，GZ，MF	2.762	0.743	0.717	0.763	0.113
二因子模型：LS+WL+GZ，MF	3.054	0.664	0.693	0.722	0.145
单因子模型：LS+WL+GZ+MF	4.036	0.585	0.631	0.674	0.196

注：LS 表示绿色创新；WL 表示网络密度；GZ 表示规制合法性；MF 表示认知合法性。

另外，由于本研究设计的问卷均为样本企业中同一填答者提供，因此可能存在同源偏差的问题。虽在问卷填答中采取了防控措施，如匿名性、保密性等，但仍需要对问卷进行同源偏差的检验。本书借鉴 Podsakof 等（2003）的研究，在四因子模型中添加了潜在误差变量因子，构建了一个五因子模型进行检验。结果显示，加入潜在误差变量因子后的五因子模型拟合优度为 $\chi^2/df=1.682$，CFI=0.912，NFI=0.933，IFI=0.931，RMSEA=0.045，较四因子模型有一定程度的改善，说明本书构建的四个变量没有显著的同源偏差问题。

（二）描述性统计和相关分析

本书所研究的各变量之间的相关系数矩阵如表 5-9 所示。从表中结果可以发现，自变量与因变量之间具有很强的相关性，为进一步的回归分析提供了初步支持，并且控制变量与自变量、因变量等其他变量也具有显著相关性，这说明我们对这些变量进行控制是必要的。

表 5-9　变量描述性统计与相关系数

变量	均值	标准差	1	2	3	4	5	6	7
1.网络密度	3.277	0.631	1						
2.注意力配置	0.526	0.359	0.239**	1					
3.规制合法性	3.089	0.736	0.231**	0.221**	1				
4.认知合法性	3.256	0.799	0.169**	0.209**	0.305**	1			
5.绿色创新	3.118	0.659	0.752**	0.749**	0.699***	0.155***	1		
6.企业年龄	7.769	4.612	0.211*	0.141	0.131*	0.167**	0.230**	1	
7.企业规模	2.893	0.722	0.228**	0.259**	0.187**	0.211**	0.146*	0.398*	1

注：** 表示 $p<0.05$；* 表示 $p<0.10$。

（三）假设检验

1. 网络密度与注意力配置对绿色创新的交互作用检验

表 5-10 为回归分析以及共线性检验的结果，因为需要比较不同调节变量的差异化影响，故采用标准化回归系数。表 5-10 底部的共线性检验显示，方差膨胀因子(VIF)值均小于 4.408，容忍度(TOL)大于 0.498，即可排除了变量间的共线性问题。

表 5-10 中的模型 1 为只包含控制变量的基准模型。模型 2 在基准模型的基础上分别增加了网络密度和高管注意力配置两个自变量。模型 3 为含有控制变量、自变量和调节变量的主效应模型。从表 5-10 可以发现，所有模型均在 10% 的置信水平上显著，同时相对于基准模型，其他模型的 ΔR^2 值都显著提高，这表明模型的拟合程度增强，本书选择的自变量确实提高了方程的解释力。

表 5-10 回归分析结果

自变量	模型 1	模型 2	模型 3	模型 4	模型 5	模型 6	模型 7
网络密度		0.466*	0.447*	0.452*	0.439*	0.423*	0.411*
高管注意力配置		0.061*	0.068*	0.057*	0.071*	0.052*	0.049*
规制合法性			0.636***	0.640***	0.622***	0.637***	0.640***
认知合法性			0.565***	0.559***	0.570***	0.561***	0.548***
网络密度×高管注意力				0.483***	0.475***	0.465***	0.479***
网络密度×高管注意力×规制合法性					0.248**		0.235**
网络密度×高管注意力×认知合法性						0.279***	0.301**
企业创立时间	0.118**	0.102**	0.110**	0.104**	0.106**	0.095**	0.084**
企业规模	0.228**	0.128**	0.120**	0.114**	0.111**	0.109**	0.102**
R^2	0.083	0.398	0.474	0.507	0.553	0.602	0.667
ΔR^2		0.315**	0.391**	0.424**	0.046**	0.095**	0.584**
F	3.098**	5.145**	5.521**	5.738**	5.721**	5.774**	5.865**
TOL(≥)	0.913	0.779	0.752	0.663	0.522	0.547	0.498
VIF(≤)	1.936	2.467	3.145	3.574	3.723	3.961	4.408

注：***、** 和 * 分别表示 $p<0.01$、$p<0.05$ 和 $p<0.10$；表中回归系数已标准化处理。

由模型 2 可知，网络密度和高管注意力配置对企业绿色创新的直接效应显著为正，表明企业所嵌入的组织间网络和高管注意力配置策略均能影响企业绿色创新。在模型 4 中增加了网络密度和高管注意力配置的交互项，该交互项对企业绿色创新存在显著的正向影响(回归系数为 0.483，$p<0.01$)，这说明网络密度和高管注意力配置的相互作用能显著促进企业绿色创新，是影响企业绿色创新的重要因素。

由于单纯交互效应的显著性无法判断不同的网络密度和高管注意力配置对企业绿色创新的差异化影响，需要对高密度网络、低密度网络以及高管注意力分散策略、聚集策略的二元组合进行分析。以网络密度和高管注意力配置的均值加减一个标准差代入回归模型中，图 5 - 3 为网络密度与高管注意力配置的交互作用图示。由图 5 - 3 可知，一方面，在网络密度较低的情况下，高管采用注意力分散策略比采用注意力聚集策略更加能够促进企业绿色创新。在网络密度较高的情况下，采用注意力聚集策略比采用注意力分散策略更有利于促进企业绿色创新。另一方面，当高管采用注意力聚集策略时，网络密度与企业绿色创新正相关；当高管采用注意力分散策略时，网络密度与企业绿色创新负相关。因此，高密度网络下的注意力聚集策略，低密度网络下的注意力分散策略是网络密度与注意力配置的最优组合，能够最大限度地促进企业绿色创新。因此，假设 5 - 5 和假设 5 - 6 得到了验证。该结论也拓展了 Zhou 等(2014)的观点，即创新存在网络结构与高管注意力配置的双重偏好。同时，图 5 - 3 显示，由于受到企业所嵌入的网络结构或高管注意力配置的限制，嵌入在组织间网络的企业难以同时追求两方面的改进，实现网络结构与注意力配置的优势互补是实现企业绿色创新的有效途径。为了提升企业的绿色创新效果，当企业嵌入在高密度网络时，需要高管将注意力聚集在少数关键的合作伙伴，进行深度的知识搜索，在少数几项绿色环保技术领域中获取深度复杂的专业化知识；而当企业嵌入在低密度网络时，需要高管将注意力广泛地分散到各个合作伙伴上，获取多样化、异质性的绿色环保知识，这也符合悖论整合理论的权变

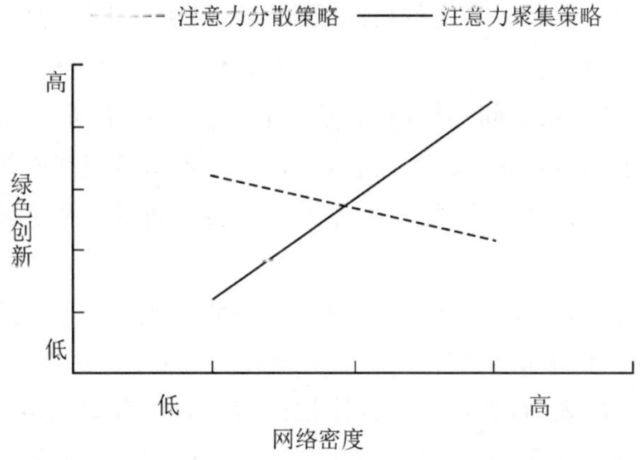

图 5 - 3　网络密度与高管注意力配置的交互作用

思想。

2.制度合法性的调节作用

由模型5和模型6可知，规制合法性、网络密度和高管注意力配置的三项交互，以及认知合法性、网络密度和高管注意力配置的三项交互对企业绿色创新存在显著正向影响，这表明规制合法性和认知合法性均正向调节网络密度与注意力配置对绿色创新的影响，因此假设5-7和假设5-8得到了验证。随后参考陈力田等(2018)、Cohen等(2003)、Liu等(2009)和李一等(2018)学者的处理方法，对模型4和模型5进行比较分析发现，规制合法性、网络密度和高管注意力配置这三项的交互项加入后，解释了绿色创新4.6%的方差比例($\Delta R^2=0.046$，$p<0.05$)；比较模型4和模型6，认知合法性、网络密度和高管注意力配置这三项的交互项加入后，解释了绿色创新9.5%的方差比例($\Delta R^2=0.095$，$p<0.05$)。因此，相比规制合法性、网络密度和高管注意力配置这三项的交互项而言，认知合法性、网络密度和高管注意力配置这三项的交互项能够解释绿色创新的方差比例更多，解释力更强。因此，相对于规制合法性，网络密度和注意力配置策略的交互作用与企业绿色创新的关系更容易受到认知合法性的正向调节，因而假设5-9得到了验证。

四、小结

本节综合运用社会网络理论、新制度主义理论与注意力基础观等理论，通过对282家制造企业的问卷调查，实证研究了网络密度与高层管理者注意力配置的交互作用对企业绿色创新的差异化影响以及制度合法性在其中的调节作用，得出如下结论：

(1)结合社会网络理论和高阶理论的注意力基础观，本书发现企业高管注意力配置是组织间网络影响企业绿色创新的重要传导机制。组织间网络作为外部潜在资源，通过与企业高管注意力配置的共同作用，会对企业绿色创新产生实质影响。

(2)在不同密度的组织间网络内，企业高管需要采取不同的注意力配置策略才能获得理想的绿色创新效果。具体而言，当企业嵌入的组织间网络密度较高时，采用注意力聚集策略是较好的选择；当企业嵌入的组织间网络密度较低时，采用注意力分散策略则更优。

(3)规制合法性和认知合法性均正向调节网络密度与高管注意力配置对企业绿色创新的影响，但两者的调节作用存在显著差异，认知合法性的调节作用要强于规制合法性。该结论表明，来自认知合法性的绿色创新驱动力对企业高管的影响更大，市场竞争优势是高管关注绿色创新及推动绿色创新决策的重要动因，与彭雪蓉等(2015)研究结论不一致。其可能的原因在于，随着我国经济结构调整，高管需要在环保议题上投入足够注意力来迎合市场的需求和认可，并在绿色创新上与国内外同行企业和竞争对手保持相近水平，否则可能会导致企业竞争力的丧失和经济效益损害。

第三节　知识基础、知识距离对企业绿色创新的影响机制：网络密度的调节作用

一些研究发现，与外部组织建立联结关系形成稳定、持久的创新联盟并从中获取绿色创新所需的知识，是企业开展绿色创新的可靠方式。实践中也已有多个行业的企业开始建立创新联盟来实现绿色创新和发展，如由上电科集团、上药信谊等48家制造企业组成的上海绿色制造联盟，以及由三友化纤等12家纤维龙头企业发起的再生纤维行业绿色创新联盟等。影响联盟内知识转移和获取的一个重要因素便是各企业间的知识距离（周密 等，2015），那么企业究竟嵌入何种知识距离的创新联盟更有利于绿色创新呢？现在来自知识管理领域的研究尚未给出明确结论，在知识距离对企业创新的影响效果方面，形成了正、负相关和倒U形关系等矛盾的结论（Namibians，2013）。另外，目前研究也发现大部分企业的绿色创新都是在原有生产、加工和制造等领域内进行的技术改进，体现出更多渐进式创新的特征（潘清泉 等，2015）。因此，企业绿色创新的技术选择和方向也依赖于企业原有知识基础的积累。按照知识横向范围和垂直深度，知识基础可划分为多样化和专业化两类（Quintana-Garcia，2008），且大量研究显示上述两种特征的知识基础对创新的影响有显著差异（Lahiri，2010），但究竟哪一种特征的知识基础更有利于创新也同样存在争论。综上所述不难发现，不论是企业内部的知识基础还是体现企业与外部各知识源差异的知识距离，如果仅仅孤立单一地考虑上述因素中的具中一种，其对于绿色创新效果的确切影响都难以从目前的文献中找到答案。然而在企业实际的绿色创新过程中，这两种因素并非单独而是共同作用于企业绿色创新。因此，综合考虑二维划分下多样化和专业化知识基础、高知识距离和低知识距离的组合匹配会对企业绿色创新产生何种影响，能够为我们理解知识对企业绿色创新的作用机制提供新的思路。

另外，从社会网络理论的视角上看，创新联盟是一种由联盟成员之间合作关系所形成的组织间网络（inter-organizational network）（Borgatti，2003）。联盟网络内知识的流动和传播很大程度上取决于联盟成员间联结关系的网络特征。其中，网络密度是反映网络结构的重要指标，网络密度松散和紧密的变化不仅推动了联盟网络结构洞的产生和填充，也影响着联盟网络内知识的传播和分布

(Tatarynowicz et al.,2016),并最终影响着联盟企业的绿色创新效果。

基于上述分析,本书运用知识管理理论和社会网络理论,通过内外双元视角,探讨知识距离与知识基础的组合匹配对企业绿色创新的差异化影响以及网络密度的动态变化在其中的调节作用,期望能为企业在绿色创新过程中根据自身知识基础特点,选择嵌入网络密度和知识距离都匹配的创新联盟提供理论参考。

一、理论假设

正如前文所述,企业绿色创新既依赖于企业现有的知识基础,也需要从外部吸收整合绿色环保相关知识。因此,企业知识基础的多样化和专业化情况、是嵌入知识距离较小的创新联盟(简称低知识距离联盟)还是嵌入知识距离较大的创新联盟(简称高知识距离联盟),以及联盟的网络密度,都会影响企业绿色创新。本节的理论模型如图 5-4 所示。

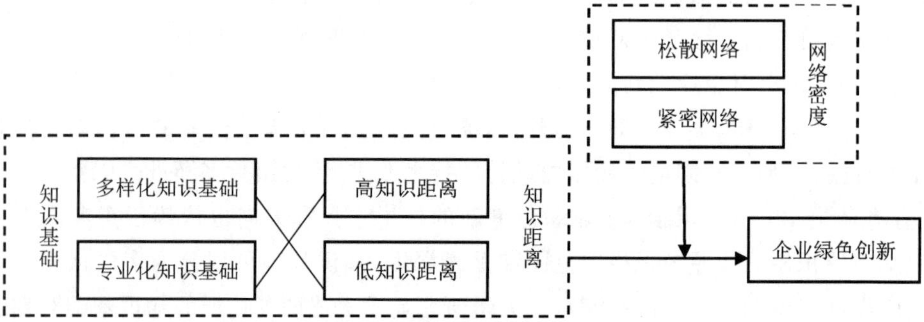

图 5-4　本节的理论模型

(一)多样化知识基础、知识距离与企业绿色创新

本书认为,当企业拥有多样化知识基础时,嵌入低知识距离联盟不仅可以在一定程度上弥补知识多样化所具有的缺陷,也使得企业在具备多样化知识基础的同时拥有在特定领域进行深度专业化研究的能力,因而会更有利于企业绿色创新。首先,Gauthier(2014)认为,实现绿色创新的关键在于企业能否有效地将从外部获取的环保技术与企业原有的生产制造工艺进行有机整合,即需要将从外部吸收到的异质性知识与企业知识基础进行整合。低知识距离联盟意味着各企业的技术领域存在较大程度的交叉重叠,对于涉足广泛技术领域的知识多样化企业而言,更容易在内外部知识元素间找到合适的关联点和结合点(Dange,2016),以提升企业整合外部知识的能力,实现与企业原有的多样化知识基础的匹配和互补。其次,多样化知识基础的企业由于在众多技术领域内都有涉猎,因此在嵌入低知识距离联盟

时，能够搜索的技术领域也较多，从而可以强化企业知识多样化的优势，使得企业在选择合适的绿色技术时有更加灵活多样的空间。有研究表明，多样化的技术选择空间对于提升企业绿色创新的成功率非常重要，可以使企业拥有更多的试错机会，从而降低绿色技术未来的不确定性（Frone，2018）。再次，Dange（2016）指出绿色创新不仅需要多样化异质性知识，也需要在特定技术领域的深入研究。多样化知识基础缺乏在特定技术领域内的深度专业知识，但如果嵌入低知识距离联盟则意味着企业可以从联盟内其他企业获得相似度较高的知识，根据 Nerkar（2003）的观点，这种相似外部知识的补充有助于提高企业对于特定知识领域的理解，使得企业能够利用外部知识有针对性地在若干知识领域内进行深入研究，因此正好能够弥补在特定技术领域内缺乏深度专业知识的缺陷。最后，Schulze（2012）研究表明，企业间较低的知识距离意味着各方知识基础相似度高，因而会降低知识转移成本，使各方更容易对彼此转移的知识进行编码和吸收，从而减少知识转移与共享的成本。这种良好的知识共享机制有助于提高企业在绿色技术领域内的研发效率。

多样化知识基础的企业在嵌入高知识距离联盟时，难以避免知识过载的弊端，从而对企业绿色创新产生不利影响。首先，高知识距离意味着合作各方拥有共同知识基础相对较少，跨组织的知识转移存在较大障碍。因此，联盟企业间较大的知识距离可能加剧企业多样化知识基础所带来的技术分散和知识过载问题，产生吸收外部知识的时间延长、成本高的劣势。Schiederig（2012）研究发现，较差的内外部知识整合效果是妨碍企业绿色创新的重要因素。其次，涉及过于宽泛的技术领域使得企业需要耗费大量时间和精力来处理多样化异质性的信息及知识（Macher，2012），如果又同时嵌入高知识距离联盟，则企业为了维持和处理这些多样异质知识而投入的成本很容易超过从合作中获取的利益，从而削弱知识多样化对绿色创新的积极作用。最后，知识距离的增加使得合作企业间知识种类差异增大，知识结构交叉重叠减少，减弱了复杂度较高的绿色知识的转移和传播效果，从而难以弥补多样化知识基础在特定领域专业化程度低的劣势，阻碍企业利用复杂知识深化在绿色技术领域的研发。据此，本书提出以下假设：

假设 5－10：与嵌入高知识距离联盟相比，拥有多样化知识基础的企业嵌入低知识距离联盟中更有利于企业绿色创新。

（二）专业化知识基础、知识距离与企业绿色创新

首先，专业化知识基础有助于企业在特定技术领域内获得技术优势，掌握该领域前沿、复杂和系统的知识（Wu et al.，2014）。在这种情况下，企业嵌入高知识距离联盟内进行绿色技术研发时，有助于外部异质性知识和企业自身专业化知识基础形成互补效应，使企业所掌握的知识兼具多样化和专业化特征，满足绿色创新对

于知识广度和深度的需求，提升了企业在末端治理、节能减排等绿色环保技术领域实施创新的可能性（于飞 等，2019）。其次，通过嵌入高知识距离联盟，一方面企业能够涉足更多的绿色环保技术领域，提高获取多样化知识的机会，缓解自身知识结构单一对于绿色创新的阻碍；另一方面，高知识距离带来的异质性知识有利于帮助企业摆脱专业化知识基础所导致的路径依赖和能力陷阱（Carnabuci，2013），推动企业逐步跨越现有生产制造工艺缺乏绿色环保技术的局限。再次，曾德明等（2015）的研究指出，由于专业化知识基础能够帮助企业形成知识转移、整合和运用等流程制度的标准化，因而加深内部成员对知识的理解，且这种对自身知识的理解会在外部异质性知识与企业现有知识基础相结合时得到进一步强化。Caner（2014）认为，对现有技术领域的深刻理解可以提高企业在绿色创新过程中对知识筛选、组合和利用的效率，使企业更容易创造出那些具有绿色环保功能的知识组合。最后，Sudi（2015）通过对欧洲制造企业的考察发现，绿色技术的研发过程需要大量模块化、成套性的复杂知识来支撑。根据知识基础观，深厚的专业化知识基础是形成模块化知识的一个重要前提，同时其他一些因素的补充，如吸收异质性知识，能够增加组织在特定领域知识的延展性，从而强化模块化知识的形成（Jayaram et al.，2013）。

当拥有专业化知识基础的企业嵌入低知识距离联盟时，难以避免知识过度嵌入的风险，会对企业绿色创新产生不利影响。知识专业化程度较高的企业一般缺乏多样化的知识基础，而嵌入低知识距离联盟中又使得上述劣势难以得到弥补。同时，较小的知识距离意味着转移和传播的知识存在高度重叠，产生过度的嵌入性的问题，加剧了企业本就狭窄的技术领域，限制了企业技术研发的视野，使得企业难以突破原有技术领域的限制，无法将研发重心引入绿色技术领域当中。据此，本书提出以下假设：

假设 5-11：与嵌入低知识距离联盟相比，拥有专业化知识基础的企业嵌入高知识距离联盟中更有利于企业绿色创新。

（三）网络密度的调节作用

根据社会网络理论，企业所在创新联盟的网络密度高低程度不同会形成紧密网络和松散网络两种状态，并对企业绿色创新产生差异化影响。一方面，松散网络有利于创新联盟内各企业弱联系和结构洞的形成，促进了企业间多样化知识的转移，从而使得低知识距离带来的知识冗余和同质性弊端得到了改善。首先，Burt（2015）认为松散网络会在网络中产生较多结构洞，使得网络内各企业可以凭借差异化的联结关系获得多元化异质性知识，从而突破企业知识专业化所产生的路径依赖的束缚。Lee（2015）对韩国制造企业的研究发现，绿色创新技术在很大程度上要同时满足市场、政府和消费者等利益相关者的需求，仅仅依靠企业在原有生产制造领域所积累的技术能力难以产生有效的环保技术，因而必须设法突破原有技术的路径依赖。其次，Dahlande(2013)认为由松散网络所产生的结构洞缓解了联盟网络内知识流动性不足的缺陷，并形成多样化异质性的知识传播渠道，推动了网络内知识沿着不同路径转移和流动。Frone(2018)对美国中小制造企业的研究发现，绿色创新过程中涉及大量的知识流动与转移，顺畅的知识流动渠道是实现绿色创新的关键。再次，松散网络会增加高知识距离所造成的信息超载的风险。Wal(2016)的研究也证实了该观点，过度松散的网络结构提高了网络内企业创新失败的风险。因此，专业化知识基础和高知识距离的组合会使企业绿色创新受到抑制。最后，随着时间推移，松散网络进一步放大了联盟内开放式和多样化的知识结构特性，避免了由低知识距离所造成的信息过度嵌入的风险，使低知识距离联盟内企业的绿色创新效果可以在一段时间内维系。

另一方面，紧密网络有利于联盟网络内强联结的形成，强化了网络内低知识距离所带来的知识专业化优势，促进了联盟网络内复杂知识的转移。首先，紧密网络会产生结构洞填充的效果，使得网络成员间形成强连接关系，并通过联合制裁、声誉等隐性机制加强企业间的信任关系。Schiederig 等(2012)的研究显示，信任关系可以增加企业间进行绿色环保知识和技术的分享意愿。其次，有研究显示，紧密网络容易形成专业化知识网络特征，因而能够强化本身就拥有大量同质性知识的低知识距离联盟，使其更为专业化，更有利于联盟网络内企业的深度知识搜索，从而促进复杂和专业化知识的传递。Dange(2016)指出，复杂和专业化知识是进行绿色技术研发的重要元素，有助于企业更好地了解绿色环保相关技术的知识结构，以及这些知识与企业现有知识基础的内在逻辑，提升绿色创新效果。再次，紧密网络也通过频繁的联系沟通提高了信任关系，使得高知识距离所带来的异质性绿色知识变得利于传播、转移以及更好地被企业吸收(Tortoriello,2015)。最后，随着时间推移，紧密网络内企业联结会逐渐演化成封闭式网络，使得网络内过度嵌入和路径依赖的风险增加，从而不利于企业在新技术领域的创新。Ingram 等(2010)认为，紧密网络会阻碍网络中新思想、新创意的持续性涌现。据此，本书提出以下假设：

假设 5-12a：松散密度网络改善了专业化知识基础和低知识距离的组合对企业绿色创新的影响，抑制了专业化知识基础和高知识距离的组合对企业绿色创新的正向效应，其调节效应不会随着时间推移而减弱。

假设 5-12b：紧密网络强化了专业化知识基础和高知识距离的组合，以及多样化知识基础和低知识距离的组合对企业绿色创新的正向效应，其调节效应随着时间推移而减弱。

二、研究设计

(一)样本选取与数据来源

本研究样本为我国A股上市的制造业企业。相对于其他行业的上市企业,制造业上市公司的生产活动对环境影响更大,且政府和舆论对其施加的环境压力也较大,因此绿色创新活动较为频繁,同时相对于非上市企业,其专利数量多且数据易收集,因此代表性较好。另外,众多绿色创新主题的研究也侧重于选取制造业为对象。本书共选取了106家样本企业,其中高污染制造企业占59.6%,包括化学原料及制品制造、有色金属冶炼和医药制造业等,行业划分标准为生态环境部发布的《上市公司环境信息披露指南(征求意见稿)》。

本研究所需的数据包括三类。第一类为企业联盟关系数据,数据来源于SDC Platinum数据库下的Joint Ventures & Alliances子数据库,从中提取联盟国为中国,且在A股上市的106家制造业企业2009—2018年的联盟合作数据,同时为规避样本重复,对母子公司联盟的数据进行合并;利用UCINET软件分析这些企业间的合作关系,使用3年移动时间窗口,形成这些时间窗口下的合作关系网络,并计算出相应的社会网络指标。第二类为专利数据,数据来源于国家知识产权局专利数据库。第三类为企业基本信息,如企业规模、年龄等,数据来自国泰安数据库、公司年报和社会责任报告等。同时,样本剔除研究期间专利数为零的企业,以及ST及*ST的上市企业。

(二)变量测量

1. 自变量

本书所涉及的两个自变量均采用专利数据进行测量。参考主流文献的做法,用国际专利分类的大类代表某一技术类别。

(1)知识基础(多样化和专业化)。参考刘岩等(2016)的研究,通过计算各大类专利占比的熵值,熵值越大代表企业的技术越分散,知识多样化程度高;反之则代表知识聚焦在少数特定技术领域,知识专业化程度越高。知识基础计算公式如下:

$$\mathrm{KB}_{it}=\sum_{k=1}^{M}p_{ikt}\ln\frac{1}{p_{ikt}} \tag{5-5}$$

其中,KB_{it}表示t年i企业知识基础;k为国际专利分类大类;p_{ikt}表示t年企业i的专利中属于k专利大类的数量占所有专利数的比例;M为专利大类的类别总数。

(2)知识距离。参考Namibians(2013)的研究,通过比较企业间的专利存量来测量知识距离，具体方法为利用欧几里得距离进行计算，公式如下：

$$d_{ijt} = \sum_{k} (f_{ik} - f_{jk})^{2} \tag{5-6}$$

其中，d_{ijt}为企业i与合作企业j在t年的技术距离，t为年份；f_{ik}(f_{jk})为公司i(j)于($t-3$至$t-1$)年内在k技术领域申请的专利数占公司($t-3$至$t-1$)年所申请专利总数的比例。在t年，企业i与其合作伙伴间的知识距离可表示为

$$\mathrm{KD}_{it} = \frac{1}{N}\sum_{j=1}^{N} d_{ijt} \tag{5-7}$$

其中，N代表合作伙伴个数。

2. 调节变量

本书的调节变量为网络密度。参考 Wal 等(2016)的研究，通过联盟网络内企业间实际联结数与网络内企业间所有可能的联结总数的比值计算，公式如下：

$$\mathrm{ND}_{it} = \frac{2m_{it}}{n_{it}(n_{it}-1)} \tag{5-8}$$

其中，ND_{it}表示t年企业i的网络密度；m_{it}表示t年企业i与网络内其他企业的实际联结数；n_{it}为t年企业i与网络中其他企业可能存在的最大联结数目。ND_{it}值越大，紧密网络的特征越明显；反之，松散网络的特征越明显。

3. 控制变量

本书的控制变量为网络规模、企业规模、研发投入、企业年龄、行业和年度共六个变量。网络规模采用不同时间窗口下的企业数量的自然对数；企业规模按主流文献的处理方式，采用主营业务收入的自然对数；研发投入为企业每年研发投入的自然对数；企业年龄采用上市年限测量；行业以通用设备制造业为基准行业设置虚拟变量；年度按不同年份设置年度虚拟变量。

三、结果分析

(一) 描述性统计和相关分析

各变量之间的相关系数矩阵如表 5-11 所示，因变量(Z_{GI})是根据判别模型计算出的代表企业绿色创新值。可见，自变量与因变量间较强的相关性为后续回归分析提供了初步支持；控制变量与因变量显著相关，暗示后续回归分析需要对其实施控制；自变量间的相关系数均小于 0.6，可作为变量间不存在共线性问题的一个依据，进一步对共线性问题的诊断将在后续分析中进行。

表 5-11　描述性统计与相关系数

变量	均值	标准差	1	2	3	4	5	6	7	8
1.知识基础	4.105	2.708	1							
2.知识距离	0.317	0.893	0.101*	1						
3.网络密度	0.356	0.163	0.096	−0.154*	1					
4.Z_{GI}	0.324	1.381	0.425***	0.238**	0.210**	1				
5.网络规模	5.286	2.527	0.085	0.059*	−0.208*	0.129**	1			
6.企业规模	6.213	2.417	0.237**	−0.076	0.110	0.223**	0.091*	1		
7.企业年龄	8.274	4.522	0.182**	−0.102	0.069	0.157**	0.114*	0.337**	1	
8.研发投入	4.709	8.016	0.326***	0.085	0.171	0.332**	0.066	0.162*	0.081*	1

注：***、** 和 * 分别表示 $p<0.01$、$p<0.05$ 和 $p<0.10$。

（二）假设检验

1. 知识基础与知识距离对企业绿色创新的交互作用检验

表 5-12 为回归分析以及共线性检验的结果，其底部的共线性检验显示，VIF 值均小于 4.412，TOL 大于 0.525，可判断不存在共线性问题。

表 5-12 中，模型 1 为只含控制变量的基准模型，模型 2 在模型 1 上添加了知识基础和知识距离两个自变量，模型 3 为包含控制变量、自变量和调节变量的主效应模型。表 5-12 中全部模型都达到了显著水平（$p<0.05$），且与基准模型比较，其他模型的 ΔR^2 值显著提升，这说明选择的自变量改善了回归模型的方差解释率。

表 5-12　回归分析结果

自变量	模型 1	模型 2	模型 3	模型 4	模型 5
知识基础		0.103**	0.099**	0.089**	0.091**
知识距离		0.064*	0.058*	0.067*	0.054*
网络密度			0.135	0.140	0.128
知识基础×知识距离				0.214***	0.225***
知识基础×知识距离×网络密度					−0.161**
企业年龄	0.148**	0.142**	0.151**	0.154**	0.163**
企业规模	0.206**	0.178**	0.185**	0.194**	0.181**
网络规模	0.024	0.032*	0.026*	0.035*	0.019*

自变量	模型 1	模型 2	模型 3	模型 4	模型 5
研发投入	0.733**	0.625**	0.806**	0.774**	0.698**
行业和年度	控制	控制	控制	控制	控制
R^2	0.079	0.259	0.307	0.319	0.321
ΔR^2		0.180**	0.228**	0.240**	0.242**
F	3.598**	4.645**	5.821**	6.438**	6.971**
TOL(⩾)	0.915	0.780	0.756	0.665	0.525
VIF(⩽)	1.912	2.478	3.252	3.693	4.412

注：***、**和*分别表示 $p<0.01$、$p<0.05$ 和 $p<0.10$。

由模型 2 可知，知识基础和知识距离对企业绿色创新的直接效应显著为正，这表明知识基础和知识距离均能影响企业绿色创新。模型 4 添加了知识基础和知识距离的交互项，该交互项对企业绿色创新有显著正向影响（回归系数为 0.214，$p<0.01$），这说明知识基础和知识距离的相互作用能显著促进企业绿色创新。

仅有交互效应的显著性还不能直接判断不同的知识基础和知识距离对企业绿色创新的差异化影响，需进一步对知识基础专业化和多样化，以及高知识距离和低知识距离的双元组合展开探讨。按照 Aiken 等（1991）的建议，通过均值加减 1.5 个标准差的方式，将知识距离划分为高、低两个水平，知识基础划分为多样化、专业化两个水平。图 5－5 为知识基础和知识距离的交互作用图。由图 5－5 可知，一方面，在企业拥有多样化知识基础情况下，嵌入低知识距离联盟比嵌入高知识距离联盟更能促进企业绿色创新。在企业拥有专业化知识基础的情况下，嵌入高知识距离联盟比嵌入低知识距离联盟更有利于企业绿色创新。因此，多样化知识基础

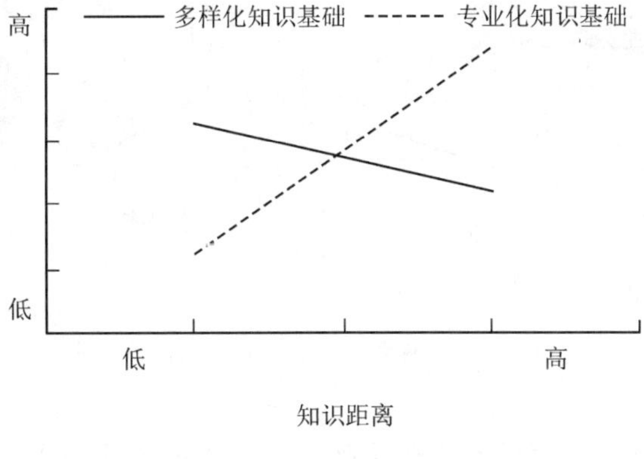

图 5－5　知识基础与知识距离的交互作用

下的低知识距离联盟嵌入策略、专业化知识基础下的高知识距离联盟嵌入策略是知识基础与知识距离的最优组合，能够最大限度地促进企业绿色创新，由此假设5－10和假设5－11得到验证。该结论拓展了Wu等(2014)和Wal等(2016)的观点，有效创新不仅需要企业内外部知识的结合，也需要企业选择跟自身知识基础相匹配的合作伙伴，存在着内部知识基础与外部知识网络的双重偏好。同时图5－5显示，由于受到企业所嵌入的联盟网络或自身知识基础的限制，企业难以同时追求两方面的改进，因此实现知识基础与知识距离的优势互补是实现企业绿色创新的有效途径。为了提升企业的绿色创新效果，当企业拥有多样化知识基础时，需要选择知识距离较小的合作伙伴组成创新联盟，进行深度的知识搜索，在少数几项绿色环保技术领域中获取深度复杂的专业化知识；当企业拥有专业化知识基础时，需要选择知识距离较大的合作伙伴组成创新联盟，获取多样化、异质性的绿色环保知识，这也符合悖论整合的权变思想。

2. 调节作用检验

(1)网络密度的调节作用。由模型5可知，网络密度、知识基础和知识距离的三项交互对企业绿色创新存在显著负向影响。为了清晰呈现这一交互作用，根据网络密度值小于或大于平均值，将样本分为松散网络和紧密网络两组(方差分析表明两组存在显著差异，$F=172.326$，$p<0.001$)，并绘制网络密度对知识基础与知识距离交互效应的调节作用三维图，如图5－6所示。

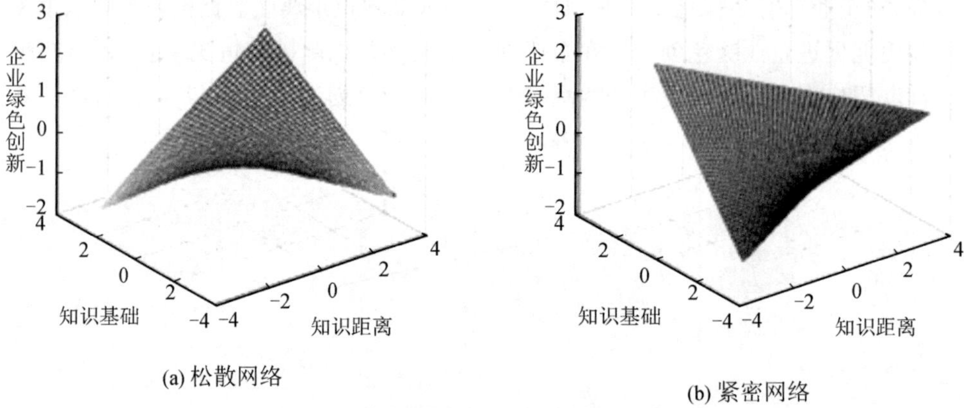

图5－6　网络密度动态变化的调节作用

在松散网络中，随着知识基础专业化程度的增加和知识距离的减小，知识基础、知识距离和企业绿色创新三者间三维图的坡度随之变得陡峭，这表明松散网络能够缓解由低知识距离所造成的知识过度嵌入的风险，从而使得专业化知识基础和低知识距离这种原本非最优匹配对企业绿色创新的效果得到改善。同时，专业化知识基础和低知识距离的匹配组合对企业绿色创新的影响效应要高于专业化知识基础和高知识距离的匹配组合，其原因可能是松散的联盟网络难以解决由高知识距离所导致的多样化知识过载的问题，从而使得原本专业化知识基础和高知识距离的最优匹配对绿色创新的促进作用受到了抑制。在紧密网络中，随着知识基础多样化程度的增加和知识距离的减小，以及知识基础专业化程度的增加和知识距离的增大，知识基础、知识距离和企业绿色创新三者间三维图的坡度也随之变得陡峭，这说明专业化知识基础和高知识距离，以及多样化知识基础和低知识距离这两种最优匹配对企业绿色创新的作用获得了进一步强化。其原因在于紧密网络不仅强化了网络内低知识距离所带来的知识专业化优势，也缓解了由高知识距离所带来的知识过载风险。因此，假设 5 - 12a 和假设 5 - 12b 的调节效应得到部分验证。

(2)调节作用的时效性。为了进一步检验网络密度调节作用的时间持续性，按照网络密度小于或大于平均值，将样本分为松散网络和紧密网络两组，并以 $(t+1)$、$(t+2)$ 和 $(t+3)$ 各年的企业绿色创新为因变量进行分组回归分析，结果见表 5 - 13。在松散网络的样本组中，知识基础与知识距离的交互项对后续 3 年 ($t+1$ 至 $t+3$ 年)企业绿色创新的作用都显著为正，假设 5 - 12a 中调节作用的时效性得到验证，网络密度的调节效应可以持续较长时间。其原因在于松散网络形成的结构洞优势可抵消低知识距离造成的信息过度嵌入的负面效应，使高专业化知识基础的企业能持续获得多样化异质性知识，持续改善绿色创新效果。在紧密网络的样本组中，知识基础与知识距离的交互项只对 $(t+1)$ 年的企业绿色创新产生显著负效应($t+1$ 年，回归系数为 -0.286，$p<0.05$)，假设 5 - 12b 中调节效应的时效性得到验证，紧密网络的调节效应在一段时间后会减弱。

表 5 - 13　网络密度调节作用的时效性分析结果

自变量	松散的网络密度			紧密的网络密度		
	$t+1$	$t+2$	$t+3$	$t+1$	$t+2$	$t+3$
知识基础	0.197*	0.192*	0.188*	0.211*	0.208*	0.205*
知识距离	0.108*	0.101*	0.096*	0.125*	0.121*	0.119*
网络密度	0.204	0.201	0.199	0.256	0.248	0.240
知识基础×知识距离	0.311***	0.306***	0.295***	−0.286**	−0.279	−0.207
企业年龄	0.136**	0.133**	0.128**	0.164**	0.158**	0.147**

续表

自变量	松散的网络密度			紧密的网络密度		
	$t+1$	$t+2$	$t+3$	$t+1$	$t+2$	$t+3$
企业规模	0.177**	0.171**	0.181**	0.217**	0.211**	0.206**
网络规模	0.033	0.038	0.029	0.057	0.048	0.041
研发投入	0.822**	0.834**	0.848**	0.962**	0.943**	0.936**
行业和年度	控制	控制	控制	控制	控制	控制
R^2	0.309	0.315	0.326	0.317	0.331	0.388
F	3.274**	4.436**	5.665**	3.882**	4.903**	6.704**

注:***、** 和 * 分别表示 $p<0.01$、$p<0.05$ 和 $p<0.10$。

四、小结

本节的研究结论如下:①研究发现企业自身知识基础、企业所处联盟的知识距离以及联盟的网络密度这三个因素的交互作用能够对企业绿色创新产生差异化影响,其合适的多维组合匹配是企业获得理想绿色创新效果的关键。②当企业拥有多样化知识基础时,嵌入低知识距离联盟是较好的选择,能发挥低知识距离在转移和利用同质性和专业化知识上的优势,避免知识过度嵌入的风险;当企业拥有专业化知识基础时,嵌入高知识距离联盟网络则更优,能发挥高知识距离在转移和传播多样化异质性知识上的优势,避免知识过载的风险。③网络密度能够调节知识距离与知识基础对企业绿色创新的交互作用,且调节效应存在时效差异。松散网络改善了专业化知识基础和低知识距离这类原本非最优匹配组合对企业绿色创新的效果,抑制了专业化知识基础和高知识距离的最优匹配对企业绿色创新的正向效应,其调节作用会在较长一段时间内维持。紧密网络能够同时强化专业化知识基础和高知识距离的组合以及多样化知识基础和低知识距离的组合对绿色创新的正向效应,但其调节作用会随时间推移而减弱。该结论从实证角度拓展了 Xiao 等(2007)关于紧密网络对创新的影响效应难以持续的观点。

第六章　制造企业绿色创新的影响效应：利益相关者的支持

在学术界，制造企业绿色创新被定义为通过对制造生产系统的部分环节或整个系统的创新来消除或减少对环境的破坏。研究发现，绿色创新除了具备一般创新的溢出效应外，还可以降低外部环境成本，产生“双重正外部性”，从而实现社会、经济的综合效应（Cainelli et al.，2015）。因此，制造业绿色创新被认为是解决环境问题、实现绿色发展的关键。在国家大力倡导下，制造企业近几年来的绿色创新活动异常活跃。国家知识产权局发布的《中国绿色专利统计报告（2014—2017年）》显示，报告期内我国绿色发明专利申请量呈快速增长态势，年均增速高于我国发明专利申请总量年均增速3.7个百分点，并且主要集中在污染控制与治理、替代能源、环境材料和节能减排这四个与生产制造相关的领域中，占到了国内绿色专利有效量的93.5%。由此可发现，制造企业成了我国企业绿色专利申请的主力军。然而，也有大量研究显示，由于绿色创新难以在市场上给制造企业带来立竿见影的经济效益，同时又需要花费大量的资源和成本，因而制造企业普遍存在绿色创新驱动力不足的问题（Arnold et al.，2012）。这种制造企业绿色创新动力与创新产出间的矛盾形成了一个令人费解的理论谜题。

近年来，新制度主义理论的研究为上述谜题的解答提供了线索。新制度主义理论认为，企业的经营活动并非仅仅基于经济利益的考量，也需要满足合法性要求，以获得场域内利益相关者的认同和支持（Meyer et al.，1983）。对于企业如何满足合法性要求，新制度主义理论存在嵌入观和能动观两种观点。目前新制度主义理论视角下对于绿色创新动因的研究主要采用嵌入观，即认为企业开展绿色创新的动因主要是迫于政府政策与法律法规的强制性压力，被动地获取合法性（Li，2014）。但嵌入观下的研究并未取得一致结论，形成了正负相关、U形和倒U形关系等相互矛盾的结果（Yu et al.，2018）。对于上述研究矛盾，本书认为，企业对制度合法性的应对战略除了嵌入外，也存在战略能动行为。在当前绿色发展成为政府与全社会诉求的背景下，新制度主义理论似乎在某种程度上暗示了企业可能将绿色创新作为一种建立合法性并以此来获得政府及其他利益相关者支持的战略。

受到上述研究的启发，本书从利益相关者理论和信号传递理论出发，以绿色创新为前置变量，构建绿色创新影响利益相关者支持的理论模型，为企业实施绿色创新战略提供决策支持。

第一节　制造企业绿色创新对政府支持的影响

在我国经济转型发展背景下，政府掌握着企业发展所需的诸如土地、税收、政策性贷款和市场准入等稀缺资源的配置权，使得企业对政府存在高度的制度和资源依赖性。而政府并不会无差别地支持市场上的每个企业，因此一些企业会倾向于采取某些战略行动来建立合法性，以此来获得政府支持。在当前绿色发展成为政府要求和全社会诉求的背景下，结合新制度主义理论合法性中的能动观，似乎在某种程度上暗示了制造企业可能将绿色创新作为一种建立合法性并以此来获得政府支持的战略。例如，Marchi(2012)发现，为获得政府相应补助，制造企业会主动对生产方式进行变革，通过加大绿色创新的投入来提升企业环境绩效。

受到上述研究的启发，本书将运用新制度主义理论，以合法性为中介，将制造企业绿色创新作为获取政府支持的战略，探讨制造企业绿色创新对政府支持的影响机制，以解释制造企业绿色创新的动因和行为，并在此基础上进一步探讨在不同的政治关联和行业竞争度条件下制造企业绿色创新对政府支持的影响。

一、相关研究评述

目前，关于制造企业绿色创新与政府支持的关系，学者们主要关注的还是政府支持对制造企业绿色创新的影响。一部分学者探讨了政府规制合法性对制造企业绿色创新的影响，其主要观点为：通过政府强制性的制度安排，如行政命令、市场准入、排放标准和相关的法律法规，迫使企业实施绿色创新活动(Rubashkina et al.,2015)。另一部分学者探讨了政府支持性的制度安排，如税收优惠、政府补贴、融资便利和政府采购等，对制造企业绿色创新的影响，其主要观点为：通过政府的支持政策来弥补绿色技术研发中的花费和投入，从而激励其开展绿色创新(郭英远 等，2018)。总体而言，上述文献中关于政府支持与制造企业绿色创新的探讨，采用的主要是新制度主义理论中的嵌入观视角，其主要作用机制为：企业开展绿色创新的动因不管是迫于政府政策与法律法规的强制性压力，还是受到政府支持性政策的激励，其绿色创新行动的逻辑出发点都是通过被动地迎合政府政策来获取合法性。

对于制造企业绿色创新对政府支持的影响，目前还鲜有文献探讨。从广义上看，企业绿色创新归属于企业社会责任的范畴之内，因此现有在企业社会责任与政府支持领域的研究可以为我们提供参考和启示。在企业社会责任对政府支持影响的研究中，一部分学者从资源依赖理论视角进行研究后认为，由于影响企业经营发展的关键资源大多掌握在政府手中，要想从政府手中获得资源，企业必然要承担一定的政治成本，如替政府承担相应的社会责任和政治任务，因此企业可能会主动履行社会责任，以此获得政府支持(张敏 等，2013)。同时，战略慈善观也支持这一观点，认为"好行为能带来好回报"，企业履行社会责任有助于企业获得政府支持和关键资源，因而社会责任可以成为企业战略的一部分(卢正文 等，2011)。近期来自新制度主义理论的能动观也指出，企业除了被动地适应和选择环境外，也可以主动采取措施来获取合法性资源，从而影响经营环境中利益相关者的看法。例如，Flammer(2018)利用 KLD 数据库进行研究发现，企业主动地实施社会责任有助于其获得政府补贴和政府采购。

综上所述，现有政府支持对制造企业绿色创新的影响，以及企业社会责任与政府支持领域的研究为本研究提供了理论基础和参考，且新制度主义理论能动观为本研究提供了合适的研究视角。

二、理论假设

(一)制造企业绿色创新对政府支持的影响

从企业层面上看，资源依赖理论认为企业发展所需的关键资源并非完全受企业控制，而是对外部环境具有一定的资源依赖性。一方面，企业行为受到外部环境与资源的深刻影响和制约；另一方面，企业也会主动采取各类活动来缓解和消除这种资源依赖性，包括纵向和横向一体化、战略联盟和政治活动等。特别是在经济转型发展中，政府控制了企业生存与发展所需的关键资源，企业对政府具有较强依赖性，因而倾向于对政府所发出的信号作出反应，采取相应战略行动来管理这种依赖性。在目前环境保护和实现绿色发展成为社会诉求的情况下，制造企业有可能将绿色创新当作一种获取政府支持的政治战略。Rubashkina 等(2015)的研究显示，通过开展绿色环保业务，有助于制造企业在面对政府环境规制时具备充分弹性，满足政府对于环保的要求，从而更容易争取到政府的支持。Scott 等(2013)指出，制造企业通过实施绿色创新，能够树立企业形象、提升品牌声誉，改善与包括政府在内的利益相关者间的关系，从而提高获得这些利益相关者支持的可能性。一些研究也发现，企业的绿色发展等社会责任行为有助于其获得更有利的经营环境和条件，如银行信贷、较低税率以及特殊行业准入等，并保持与政府的紧密关系，甚至获得财政补贴。

从政府层面上看，出于对地方财政创收、就业提振和政治晋升等方面的考虑，政府有强烈的动机利用所掌握的资源支持企业发展（郑烨 等，2017）。大量研究显示，政府所掌握的各类资源并不总是平均作用于市场上所有企业，而是集中于某些行业或行业内的某些企业，通过稀缺资源的配置权改变企业的竞争状况。根据Fan 等（2013）的研究，政府支持企业的一个重要依据便是，企业能够在多大程度上有意愿且有能力帮助政府承担相应的社会和政治任务。从信号理论视角上分析，在政府将绿色发展作为一项重要政治任务的背景下，制造企业绿色创新具有较高的可察性和可验性，因而是一种更易于被政府所接受和关注的具有积极正面意图的、高质量的信号。政府会将制造企业的绿色创新实践视为愿意配合政府承担绿色发展任务的重要信号，因而倾向于对其进行支持。Teng 等（2014）的研究发现，由于绿色创新需要花费企业大量的资源和成本，因而能够进行绿色创新的企业会向外界传递出实力雄厚、追求长期可持续发展机会，且不会为了蝇头小利而进行短期机会主义行为（如合同欺诈、利润操控和腐败）的信号，而这些信号则会成为政府支持企业的重要考量。据此，本书提出以下假设：

假设 6-1：制造企业绿色创新对其获得政府支持有正向影响。

（二）合法性在制造企业绿色创新与政府支持之间的中介作用

1. 制造企业绿色创新有助于企业建立合法性

合法性是新制度主义理论中的核心机制，Suchman（1995）将其定义为在一定的制度环境下，组织和个体的存在和行为能否被当作是合理的、适宜的和可被接受的。新制度主义理论认为，企业由一系列制度所构成，受到外部制度环境的影响，其经营活动并非仅仅基于经济利益的考量，也是恰当性、意义性与合宜性的表现，需要获得场域内利益相关者的认同。因此，对企业而言，获取合法性是在相应场域内生存发展的必要条件。目前，学者们主要将合法性划分为规制合法性、规范合法性和认知合法性三类。

规制合法性主要来源于对规制系统有裁决权力组织的评判和认可，这些组织主要是政府和相关监管机构。Fischer 等（2016）的研究发现，当企业的特定行为能够满足政府所制定的政令、法律和制度时，企业就更容易获得政府认可，从而具备规制合法性。在目前绿色环保成为社会主要诉求的背景下，政府已经将绿色环保设定为评价企业合法性的关键标准，因此当制造企业采取绿色创新实践时，就能在一定程度上满足政府所制定和颁布的污染防治指标、环保法律、行政命令和奖惩措施等，从而获得规制合法性。一些学者从新制度主义理论视角的研究也显示，制造企业通过积极展开绿色创新能够为企业获取规制合法性。Zhang 等(2018)对中国制造企业的研究发现,企业实施绿色创新的主要驱动力来自政府所施加的环保法规,其逻辑在于获取合法性,从而规避来自政府部门的警告和惩罚。一项对中国中小企业的研究发现,实施绿色创新的中小企业能够进入政府环境友好企业的名单,因而能够获得政府税收方面的优惠政策,在一定程度上弥补企业绿色创新成本。Rubashkina 等(2015)发现,制造企业在末端治污技术上创新的一个重要原因是为了满足欧盟的能源和环境法规,从而获取规制合法性。

认知合法性主要是指场域内的利益相关者基于社会道德、价值观和信仰体系,对特定组织或团体在适当性、合理性方面的整体认知或感应。认知合法性会导致组织和个体有模仿场域内其他成员“最佳实践”的倾向,并在模仿过程中获得合法性。因此,如果行业内标杆企业的合法性和竞争优势由于其绿色创新活动而获得提升,便会对其他企业造成合法性压力,这时其他企业会设法模仿和学习标杆企业的绿色创新活动,以构建自身合法性和竞争优势。另外,Berrone(2013)通过合法性理论来研究企业环境行为时发现,企业的环境责任是其合法性管理的一种方式,不仅可以建立规制合法性,而且能获得道德合法性和认知合法性。Bumin 等(2018)的研究也支持了这个观点,那些实施了绿色环保实践的制造企业更容易在消费者当中形成良好的认知,获得消费者认可,从而建立认知合法性。

规范合法性是社会或行业中的一套共享的价值观体系和行为准则。其施加主体一般为各类非政府组织,如行业协会、工会和环保组织等,以及与企业有密切联系的市场组织,如供应商、分销商等。作为社会合法化的一种形式,按照行业规范、标准和期望来行动的企业容易获取行业内相关利益相关者的认可。因此,当绿色生产、提供环境友好型产品成为一种行业规范时,采取绿色创新的制造企业更容易获得行业内相关利益相关者的认可,从而获得规范合法性。

2. 合法性的建立有助于制造企业获得政府支持

首先,在新制度主义理论中,合法性机制对组织的作用被认为存在两个层次,即强意义合法性机制和弱意义合法性机制(周雪光,2010)。其中,弱意义合法性机制主要体现在资源分配和激励机制层面,具有非强制性和激励性特征。同时,在实践中,具备合法性的企业更容易在资源获取以及利益相关者的认同和支持上受益。因此,通过满足政府对环保和绿色发展要求而建立了合法性的制造企业,相对于其他企业而言更容易获得政府支持以及其他重要资源。Alrazi 等(2015)的研究显示,建立和提升合法性有助于企业获得政府的信任与支持,是企业与政府保持良好关系的重要维度。

其次,从战略管理视角上看,组织合法性的构建也可视为企业的一种“专用性资产”，且是一种能够帮助企业获得资金、市场和关系网络等其他关键资源的“制度资本”。在政企关系中，企业可以利用合法性这种“制度资本”实现其资源获取目标，如获得政府部门的采购合同、税收优惠和融资便利等。Caroline（2018）对美国企业的研究显示，那些具备合法性的企业，得到政府采购合同与银行贷款的可能性远高于那些环境风险较高的企业。

最后，正如前文所分析的，绿色创新能够使得企业具备规制、规范和认知等多种合法性。根据新制度主义理论的观点，当企业具备多种合法性时，其产品和服务更容易获得市场上消费者的信赖，同时企业也更容易获得社会公众的认可和尊重。这些都显示出企业有能力对当地社会和经济作出较大贡献。有研究表明，政府倾向于为那些能够为社会作出更大贡献的企业提供支持。

综上所述，制造企业绿色创新有助于其获得合法性，而合法性能够帮助其获得政府支持。据此，本书提出以下假设：

假设 6-2： 制造企业绿色创新通过合法性作为中介来影响政府支持。

（三）政治关联在其中的影响作用

企业政治关联是指企业高层管理者或主要股东在政府部门任职或曾任职，或与政府官员有密切关联（袁建国 等，2015）。有研究表明，在我国经济转型发展背景下，由于市场制度、法律法规等不完善，使得企业有通过寻求政治关联来获得政府支持的倾向，并以此来弥补上述的各种不完善。Boubakrin 等（2012）指出，政治关联能给企业带来显著优势，包括更优惠的银行信贷、更低的准入门槛、更多的政府补贴和采购等。邓新明（2011）研究发现，企业通过政治关联可以在一定程度上弥补正式制度的不足，在同等条件下为企业争取更多发展资源。因此，具备政治关联本身就可以提高企业获得政府支持的机会，在这种情况下是否开展绿色创新并不会对制造企业获得政府支持产生过于显著的影响。也就是说，虽然具备政治关联的制造企业在实施绿色创新的过程中也能够形成合法性，但他们获得政府支持更多是依靠政治纽带机制，而不是通过绿色创新而产生的合法性机制，开展绿色创新实践只是起到了“锦上添花”的作用。

对于那些没有政治关联的制造企业，绿色创新则可以成为其获取政府支持的一种重要方式。正如前文所论述的，绿色创新有助于合法性的建立，并通过合法性的中介作用来获得政府支持。因此，从某种程度上看，对于没有政治关联的制造企业而言，合法性可以成为一种重要的补偿机制，替代政治关联在获取政府支持方面的作用。综上所述，我们认为与那些具备政治关联的企业相比，没有政治关联的制造企业在实施绿色创新时，更容易通过合法性机制来获得政府支持。据此，本书提出以下假设：

假设 6－3：相对于具备政治关联的制造企业，没有政治关联的制造企业在实施绿色创新时，通过合法性机制来影响政府支持的效应更强。

（四）竞争强度在其中的影响作用

竞争强度指企业在行业中面临竞争压力的程度。在竞争强度较高的行业中，技术更新速度和市场需求变化较快，企业感受到来自市场、客户及竞争对手的威胁较强。在这种情况下，企业需要投入大量的资源来把握和利用市场机会以应对激烈的竞争。一些学者的研究显示，由于绿色创新很难产生立竿见影的经济绩效，因此在竞争激烈的行业中，制造企业进行绿色创新需要付出较为高昂的代价（激烈的竞争降低了企业利润，导致用于绿色创新的预算降低），导致大部分企业都不愿意也没有实力和资源进行绿色创新。同时来自新制度主义理论的研究发现，合法性的强度和效果与合法性构建的难度和成本有显著关系，获取合法性的过程越难，代价越大，则合法性的强度和效果越好。Boutinot 等（2013）指出，由于代价高昂的合法性获取方式更能体现出组织的诚意和努力，并且难以被其他组织模仿，因而以这种方式所构建的合法性相对而言就更为显著，更容易得到利益相关者的关注和认可。按照类似逻辑不难推论，在竞争强度较高的行业中，制造企业进行绿色创新时，所建立的合法性更具显著性，更容易得到政府的关注、认可和支持。从战略管理视角上看，处于竞争激烈行业中的制造企业，其绿色创新实践也可以视为一种差异化战略，以此来构建合法性并获取政府支持。

在竞争强度较低的行业内，行业整体环境相对稳定，行业结构趋于平衡，企业资源利用空间较大，因而会被政府认为其有充足资源来实施绿色环保等社会责任行为。在这种情况下，制造企业的绿色创新活动类似于双因素理论中的“保健因子”，在一定程度上被政府视为“理所当然”的经营行为，政府不会因为绿色创新而对企业有特别的支持或者关照，但如果企业不进行绿色创新，却可能遭受政府的惩罚。因此，在竞争强度较低行业内的制造企业开展绿色创新时，其所构建的合法性的显著性相对较弱。据此，本书提出以下假设：

假设 6－4：相对于竞争强度较低的行业，制造企业在竞争强度较高的行业中实施绿色创新时，通过合法性机制来影响政府支持的效应更强。

三、研究设计

（一）数据收集

本节研究的样本企业与本书第五章第二节所使用的样本企业相同。

(二)变量测量

本节问卷量表的具体测量题项和信度、效度检验如表 6 - 1 所示。量表题项的设计均参考以往研究中被多次检验的成熟量表，同时在量表设计时咨询了相关学者和业界专家，因此具有较好的内容效度。

表 6 - 1　变量的测量题项和信度、效度检验

变量	测量指标	因子载荷	α值	CR	AVE
绿色创新	绿色创新产品销售额占企业总销售额的比例不断提高	0.824	0.778	0.784	0.539
	企业不断研发绿色环保技术并开发新的绿色产品	0.755			
	企业不断改进生产制造环节以达到更高绿色生产标准	0.720			
	企业的节能减排水平在同行业中处于领先水平	0.704			
政府支持	当地政府提供所需的技术信息和其他技术支持	0.882	0.809	0.753	0.631
	当地政府在融资/资金资助方面支持本企业发展	0.749			
	当地政府采取了有效的知识产权保护制度	0.671			
	当地政府给予本企业人才引进与培养方面的支持	0.639			
	本企业经常能够获得政府采购项目	0.602			
合法性	绿色创新使得企业的生产经营满足了相关法律法规要求	0.840	0.859	0.843	0.714
	政府高度评价企业的绿色创新活动	0.778			
	企业因绿色创新被消费者和社会公众所广为理解和普遍接受	0.718			
	企业因绿色创新树立了良好的社会和市场形象	0.681			
	企业获得行业的各种绿色环保质量认证或生产标准认证	0.632			
	企业因绿色创新扩大了在行业内的知名度	0.604			
竞争强度	行业内经常有强大的竞争者进入	0.841	0.848	0.820	0.727
	市场竞争状况难以预测	0.776			
	竞争对手间的竞争越来越激烈	0.703			

1. 因变量

政府支持变量参考杨向阳等(2015)、Li 等(2015)学者的研究，从税收、财政、

融资和采购等方面来进行测量,共设计5个测量题项。

2. 自变量

绿色创新是本研究的自变量。有研究指出,容易被社会大众所感知的企业绿色创新主要为企业在绿色创新方面的行为活动(对工艺、生产和产品等生产制造系统的改良和创新)和取得的创新效果(减少环境损害和取得的经济效益)两个层面,因此本书在综合 Jansen 等(2006)、Chan(2005)、张小军(2012)研究的基础上,结合前期对企业绿色创新访谈结果对量表进行适当改编,从上述两个层面对绿色创新进行测量,共设计4个题项进行度量。

3. 中介变量

合法性是本书所要研究的中介变量。本书在参考 Liu(2010)、Scott (2013)等研究的基础上,从规制合法性、规范合法性和认知合法性三个维度对组织合法性进行测量,共设计6个题项进行度量。由于前文的理论假设是在合法性概念层次上提出的,且合法性这个概念是规制合法性、规范合法性和认知合法性三个一阶因子背后的二阶因子,根据实证检验需与理论假设相一致的要求(Liu,2010),因此在合法性三个维度的基础上继续探讨更高阶因子。当低阶因子可以构成更高阶的因子时,则代表低阶因子具备更高阶的维度,即利用更高阶维度的因子来分析是可以被接受的。通过对合法性的概念进行二阶验证性因子分析,发现合法性量表的题项都对应到三个一阶因子,同时标准化因子载荷都大于相关文献所建议的最低临界水平0.50,并达到显著水平,表现出良好的聚合效度。另外,合法性二阶因子模型也表现出了良好的拟合效度($\chi^2/df=1.567$; RMSEA$=0.036$; GFI$=0.924$; NFI$=0.943$; IFI$=0.936$)。因此,可以把规制合法性、规范合法性和认知合法性聚合成合法性这一共同因子来分析。

4. 分组变量

借鉴罗党论等(2009)测量政治关联的方法,本书主要考察企业的董事长或者总经理是否在相关政府部门中任职或曾经任职。在问卷中,用"0"来表示董事长或总经理没有任何从政经历;用"1"来表示董事长或总经理在政府部门工作过。

竞争强度采用 Geiger 等(2006)的研究,采用3个题项测量。本书通过计算变量均值区分强弱,0代表小于均值,竞争弱;1代表大于均值,竞争强。

5. 控制变量

(1)企业年龄。根据文献中的常用处理方式,用问卷回收的年份(2018年)与制造企业成立时间之间的差值来测量企业年龄。

(2)企业规模。根据 Ahuja(2000)的研究,采用企业员工人数作为企业规模的测量指标,并将其划分成五个等级,100人以下设为"1",100～500人设为"2",501～1000人设为"3",1001～2000人设为"4",2000人以上设为"5"。

(3)所属行业。本书以化学原料及制品制造业为基准行业设置行业虚拟变量。

四、结果分析

(一)验证性因子分析和同源偏差的检验

在检验研究假设之前,首先对绿色创新、政府支持、合法性和竞争强度四个研究变量进行验证性因子分析。我们采用同源同质合并的方式设计了其他三个测量模型作为竞争模型。表6-2列出了各因子模型的含义和检验结果,经比较发现,四因子模型的拟合指标最优,这说明该模型能最好地展现测量模型的因子结构。

由于本书量表都由样本企业内同一填答者提供,因而可能存在共同方法变异的问题。虽在问卷调查过程中采取了诸如匿名性、保密性等防控措施,但在进行后续分析前,仍需要对量表数据采取共同方法变异的问题进行检验。我们参考Podsakoff等(2003)的研究,在四因子模型基础上加入一个潜在误差变量形成五因子模型。检验结果表明,加入了潜在误差变量因子后的五因子模型拟合优度为$\chi^2/df=1.617$,CFI=0.920,NFI=0.915,IFI=0.926,RMSEA=0.061,与四因子模型相比得到了改善,表明本书的四个变量不存在共同方法变异的问题。

表6-2 验证性因子分析结果

测量模型	χ^2/df	CFI	NFI	IFI	RMSEA
四因子模型:LS,ZF,HF,JZ	1.823	0.902	0.898	0.911	0.080
三因子模型:LS+ZF,HF,JZ	2.934	0.695	0.782	0.715	0.122
二因子模型:LS+ZF+HF,JZ	3.464	0.591	0.642	0.699	0.157
单因子模型:LS+ZF+HF+JZ	4.347	0.506	0.582	0.554	0.186

注:LS代表绿色创新;ZF代表政府支持;HF代表组织合法性;JZ代表竞争强度。

(二)描述性统计和相关分析

本书所研究的各变量之间的相关系数矩阵如表6-3所示。由表6-3可以发现,自变量与因变量之间具有较强的相关性,为进一步的回归分析提供了初步支持。并且,控制变量与自变量、因变量等其他变量也具有显著相关性,这说明我们对这些变量进行控制是必要的。

表 6-3　主要变量描述性统计与相关系数

变量	均值	标准差	1	2	3	4	5	6	7
1.绿色创新	3.277	0.645	1						
2.政府支持	3.026	0.344	0.228***	1					
3.合法性	3.193	0.556	0.315**	0.415***	1				
4.政治关联	0.371	0.699	0.124*	0.503**	0.153***	1			
5.竞争强度	0.457	0.722	−0.083*	0.105	0.117*	0.144	1		
6.企业年龄	7.225	4.332	0.214*	0.138	0.134*	0.102**	0.135**	1	
7.企业规模	2.846	0.801	0.215**	0.241	0.198*	0.115**	0.163*	0.387*	1

注：*** 表示 $p<0.01$；** 表示 $p<0.05$；* 表示 $p<0.10$。

(三)假设检验

1. 绿色创新对政府支持的直接效应检验

表 6-4 为回归分析以及共线性检验的结果。表 6-4 底部的共线性检验显示，所有变量的方差膨胀因子(VIF)值均小于 4.415，容忍度(TOL)大于 0.490，即排除了变量间的共线性问题。

模型 1 和模型 3 为只包含控制变量的基准模型。模型 2 和模型 4 在基准模型的基础上添加了自变量绿色创新，模型 5 在基准模型的基础上添加了自变量绿色创新和中介变量合法性。由表 6-4 可知，所有模型均在 5% 的置信水平上显著，同时相对于基准模型，其他模型的 ΔR^2 值都显著提高，表明模型的拟合程度增强，自变量确实提高了方程的解释力。模型 4 显示，绿色创新的回归系数显著为正，表明制造企业绿色创新正向影响政府支持，假设 6-1 获得了验证。

2. 合法性的中介效应检验

对于合法性在绿色创新与政府支持关系间中介作用的检验，本书采用 Baron 等(1986)提出的方法进行分析，该方法共有三个步骤。第一步已经在上面的分析中完成，接下来将进行第二步和第三步的分析。第二步分析在模型 2 中检验，结果显示企业绿色创新对合法性存在显著正向影响；第三步分析在模型 5 中检验，当绿色创新、政府支持和合法性同时进入回归方程后，绿色创新仍然显著正向影响政府支持，但对比模型 4，其回归系数由 0.237 降为 0.225，表明组织合法性在绿色创新和政府支持之间起着部分中介作用，因此验证了假设 6-2。

表 6-4　直接效应和中介效应的回归模型

变量	组织合法性		政府支持		
	模型 1	模型 2	模型 3	模型 4	模型 5
绿色创新		0.312***		0.237***	0.225***
合法性					0.336***
企业规模	0.179**	0.198**	0.186**	0.180**	0.201**
企业年龄	0.128**	0.132**	0.123**	0.122**	0.124**
所属行业	控制	控制	控制	控制	控制
R^2	0.112	0.303	0.107	0.295	0.393
ΔR^2		0.191**		0.188**	0.286**
F 值	2.244**	4.627**	3.677**	4.886**	5.916**
TOL(≥)	0.787	0.554	0.718	0.503	0.490
VIF(≤)	2.109	4.373	1.918	4.196	4.415

注：***、** 和 * 分别表示 $p<0.01$、$p<0.05$ 和 $p<0.10$；表中回归系数已标准化。

3. 分样本中介效应检验

对于假设 6-3、假设 6-4 的检验，我们将总体样本根据企业是否有政治关联以及竞争强度高低来分组，进行分组回归（见表 6-5 和表 6-6）。分析对于不同样本，合法性对企业绿色创新与政府支持之间的中介作用是否存在显著差异。在表 6-5 中，模型 7d 显示对于有政治关联的企业，绿色创新对政府支持有显著影响（回归系数为 0.341，$p<0.01$）；模型 7b 显示对于有政治关联的企业，绿色创新对合法性影响显著（回归系数为 0.306，$p<0.01$）；比较模型 7d 和模型 7e，绿色创新的回归系数都为正且显著，但从 0.341 下降到 0.218，表明添加组织合法性后，绿色创新对政府支持的正向影响虽没有消失，但系数减小，显著性降低，显示合法性具有部分中介作用。这表明拥有政治关联的制造企业实施绿色创新时，一方面可通过合法性机制来获得政府支持，另一方面则是利用政治关联因素获得政府支持。模型 6d 显示，对于没有政治关联的企业，绿色创新对政府支持有显著影响（回归系数为 0.198，$p<0.01$）；模型 6b 显示对于没有政治关联的企业，绿色创新对合法性有显著影响（回归系数为 0.327，$p<0.01$）；随后比较模型 6d 和模型 6e，发现绿色创新的回归系数虽然都为正，但从 0.198 下降到 0.175，其回归系数变小且不显著，表明添加组织合法性后，绿色创新对政府支持的正向影响消失，只存在合法性的完全中介效应。其原因可能在于，与拥有政治关联的企业相比，没有政治关联的制造企业获得政府支持的难度大、途径少，构建合法性可能是其获得政府支持的唯一途

径。同时，这也从另一个角度证实了 Flammer(2018)学者的观点，即类似于绿色环保这类的社会责任是企业构建合法性的重要途径。

表 6－5　政治关联分样本的回归模型

变量	合法性（无政治关联）		政府支持（无政治关联）			组织合法性（有政治关联）		政府支持（有政治关联）		
	模型 6a	模型 6b	模型 6c	模型 6d	模型 6e	模型 7a	模型 7b	模型 7c	模型 7d	模型 7e
绿色创新		0.327***		0.198***	0.175		0.306***		0.341***	0.218**
合法性					0.321***					0.283***
企业规模	0.199*	0.202*	0.164*	0.183*	0.178*	0.206*	0.172*	0.168*	0.182*	0.174*
企业年龄	0.136*	0.140*	0.106	−0.109*	−0.114	0.103	0.122*	0.108	−0.117*	−0.125
所属行业	控制	控制	控制	控制	控制	控制	控制	控制	控制	控制
R^3	0.122	0.311	0.113	0.292	0.386	0.127	0.299	0.109	0.287	0.377
ΔR^2		0.189*		0.179*	0.273**		0.172*		0.178**	0.268***
F 值	2.908**	4.545**	3.872**	4.773**	5.861**	2.796**	4.766**	2.382**	4.854**	6.181**

注：***、** 和 * 分别表示 $p<0.01$、$p<0.05$ 和 $p<0.10$；无政治关联样本量为 176，有政治关联样本量为 108。

表 6－6　竞争强度分样本的回归模型

变量	合法性（竞争强度强）		政府支持（竞争强度强）			组织合法性（竞争强度弱）		政府支持（竞争强度弱）		
	模型 8a	模型 8b	模型 8c	模型 8d	模型 8e	模型 9a	模型 9b	模型 9c	模型 9d	模型 9e
绿色创新		0.309***		0.211***	0.181		0.224***		0.287***	0.195**
合法性					0.310***					0.276***
企业规模	0.205*	0.201*	0.176*	0.180*	0.167*	0.188*	0.197	0.154*	0.162*	0.170*
企业年龄	0.144*	0.137*	−0.118*	−0.112*	−0.116	0.141*	0.132*	−0.109*	−0.120*	−0.117
所属行业	控制	控制	控制	控制	控制	控制	控制	控制	控制	控制
R^2	0.125	0.336	0.121	0.308	0.313	0.118	0.327	0.114	0.297	0.364
ΔR^2		0.211**		0.187*	0.192**		0.209**		0.183**	0.250**
F 值	2.944**	4.474**	2.827**	4.864**	5.948**	2.689**	4.911**	2.443**	4.905**	5.993**

注：***、** 和 * 分别表示 $p<0.01$、$p<0.05$ 和 $p<0.10$；弱竞争强度样本量为 96，强竞争强度样本量为 188。

随后参考 Cohen 等(2003)的研究，利用 Z 检验对上述结果进一步分析，比较各分样本回归模型中的中介作用是否存在显著差异。如果 $|Z|>1.96(p<0.05$，双尾检验)，则表明两个分样本回归模型中同一解释变量的回归系数存在显著性差异。$|Z|$ 值计算公式如下：

$$|Z|=\frac{|X_1-X_2|}{\sqrt{\frac{S_1^2}{n_1}+\frac{S_2^2}{n_2}}}$$

其中，X_1 和 X_2 分别为两个分样本的回归方程中同一变量的未标准化回归系数；S_1 和 S_2 分别为回归系数所对应的标准差；n_1 和 n_2 为样本量。通过检验模型 6e 和模型 7e 发现，$|Z|=3.12>1.96$，即制造企业拥有或没有政治关联时，合法性对于绿色创新影响政府支持的中介作用存在显著差异。该结果说明在开展绿色创新时，没有政治关联的制造企业获取政府支持完全依赖于合法性的中介作用，而有政治关联的制造企业则只是部分依靠合法性的中介作用来获得政府支持，因此没有政治关联企业的合法性中介效应更强，假设 6－3 成立。

利用同样的方法对模型 8e 和模型 9e 进行检验，结果显示，$|Z|=2.88>1.96$，即对于不同的竞争强度，合法性对绿色创新影响政府支持的中介作用存在显著差异。该结果表明，在竞争强度较低的行业中，制造企业实施绿色创新只能部分通过合法性机制来获得政府支持；在竞争强度较高的行业中，制造企业实施绿色创新则完全是通过合法性机制来发挥作用。其原因可能在于，对于高竞争强度行业中的企业而言，实施绿色创新的代价和难度远高于低竞争强度行业，因此合法性的强度和效果更显著，更容易获得政府认可，这也进一步证实了 Boutinot 等(2013)关于合法性构建难度与合法性强度正相关的观点，假设 6－4 成立。

五、小结

传统战略管理的研究认为企业创新的驱动力源于市场竞争。由于绿色创新短期内难以给企业带来经济上的回报，因此理论上企业绿色创新的驱动力是不够的。然而实际中，我国企业绿色专利申请数量却呈快速增长态势。这种理论与实际的矛盾，激发了我们重新思考我国企业绿色创新的驱动力。本章运用新制度主义理论，从政企关系层面，通过对 284 家制造企业的问卷调查，实证研究了制造企业绿色创新对其获得政府支持的影响，以及合法性在其中的中介作用，以解释我国制造企业独特的绿色创新驱动力。研究发现：第一，在我国经济转型发展背景下，企业对政府存在高度依赖性。在绿色发展成为政府一项重要政治任务的情况下，导致制造企业倾向于将绿色创新作为一种获取政府支持的战略来实施，且我们的实证检验证实了绿色创新确实有助于制造企业获得政府支持。第二，制造企业绿色创新能够通过构建合法性来影响政府支持，合法性在其中发挥了中介作用，这在一定程度上揭示了绿色创新影响政府支持的内在作用机制。进一步分样本的研究还发现，制造企业是否拥有政治关联以及是否处于高竞争强度的行业中，对于其在绿色创新时，通过合法性机制来促进政府支持会存在显著差异。没有政治关联的企业在实施绿色创新时，通过合法性机制来影响政府支持的效应比具备政治关联的企业更强；处于激烈竞争行业中的企业，通过合法性机制来影响政府支持的效应比处于竞争较弱行业中的企业更强。

第二节　制造企业绿色创新对其他利益相关者支持的影响

在上一节中，我们探讨了制造企业绿色创新对其获得政府支持的影响，但是制造企业的利益相关者不只有政府，其他的利益相关者也会对制造企业的经营发展产生较大影响。信号传递理论认为，资本市场上存在信息不对称问题，企业为了获得其他企业无法模仿的竞争优势，通常会采取行动向市场传递相关信息并且实施这些行动需要一定的成本。当企业通过绿色创新活动作为履行社会责任的信号向市场进行传递时，投资者和企业的其他利益相关者就能对其进行识别并采取某些支持行为，使企业获得更多的无形资源推动其持续健康发展。因此，本节将进一步探讨制造企业绿色创新对除了政府之外的其他利益相关者支持的影响。

一、理论假设

（一）制造企业绿色创新对投资者支持的影响

由于信息不对称问题的存在，投资者无法了解企业的隐形信息而做出正确决策。企业需要通过绿色创新等产生社会效益的活动向投资者传递正面积极信号，吸引投资者对企业的青睐以获得发展所需的融资支持。学者们也对这一重要议题进行了研究，例如，宋建波等发现企业前五大股东的持股比例与其承担的环境保护责任相关。李姝等以 2006　2008 的沪深 A 股上市公司为样本，对企业社会责任和股票流动性的关系进行研究，发现上市公司履行社会责任的程度越高，股票流动性越好，越易受到投资者的支持。张良对投资者对企业履行环境保护责任的反应进行研究，结果表明，投资者认为绿色创新行为是公司具有社会责任的信号，从而会做出正面反应；进一步探讨个人投资者和机构投资者对企业实施保护环境行为的反应差异，发现机构投资者在买入股票上积极性更高，企业股票往往能获得超额收益，提高企业整体收益，两者之间有相互促进的良性作用。何萍认为投资者持股偏好于积极承担对政府、股东等的社会责任的企业。综上可知，企业通过经营活动传递出的社会责任信息是投资者进行投资评估的重要因素，会促进其实际投资行为的产生并影响投资金额的大小。实施绿色创新的企业会向投资者传达主动承担社会责任的信号，获得投资者的青睐并采取相应措施支持企业的发展。据此，本书提出以下假设：

假设 6－5：制造企业绿色创新有助于其获得投资者的支持。

（二）制造企业绿色创新对员工支持的影响

在人力资源领域，学者们对 Spence 经典模型进行了扩展，探讨了员工行为表现和企业活动间的关系。当企业通过绿色创新活动传递有形或无形福利信号时，员工会以态度、情感或行为的方式对信号进行积极反馈，提高工作表现来寻求与组织之间平衡互惠的交换关系。绿色创新对员工行为的影响主要体现在员工会提高积极性，高标准地投入工作角色中，奉献更多的物质、情感资源，努力为企业创造价值（Poter et al.，1995）。因此，员工更倾向于认可积极承担社会责任的企业，实施绿色创新等活动能获得较好的社会效应，进而增加员工的组织认同，从而对员工在工作中的态度和行为产生积极影响。据此，本书提出以下假设：

假设 6－6：绿色创新对员工支持行为具有正向影响，即企业绿色创新能力越强，员工对企业的支持意向越强。

（三）制造企业绿色创新对顾客支持的影响

绿色创新与顾客行为之间的联系主要体现在两个方面：一方面，企业通过绿色产品创新，生产高质量的绿色产品，增加了顾客对产品的认可和购买意愿；另一方面，企业通过绿色过程创新，降低生产过程中对环境的污染，树立良好的绿色形象，从而获得顾客对该企业的支持。学者们也对两者关系进行了研究，发现绿色产品的实际购买行为取决于顾客的环保态度。Kam 等（2013）对消费者环保意识和有机产品购买决策的关系进行研究，发现环保意识能驱动消费者认可和购买有机产品。Kaka 等（2002）的研究表明，顾客对绿色产品的态度受其绿色消费观念及绿色知识的影响，而社会规范、文化等因素决定了绿色行为是否容易实施。除此之外，也有学者对环境的关注、绿色产品的态度和绿色消费行为的关系进行研究。Chan（2005）认为倾向于选择绿色产品和服务的消费者对环境的关注高于其余消费者，具体表现为社会责任意识驱动的绿色购买行为。从情感的角度来说，购买绿色产品会提升顾客的环境自豪感并减少对环境的愧疚感。据此，本书提出以下假设：

假设 6－7：绿色创新与顾客支持具有正相关关系。企业的绿色创新活动在获得顾客认可的条件下，可以促进顾客对产品及服务的购买行为。

二、研究设计

（一）数据收集

2014 年，中国环境与发展国际合作委员会指出，要不断创新机制体制，自觉推动绿色发展，努力建设美丽中国。因此，本书将时间观测窗口设为 2014—2018 年。在样本企业选取方面，首先剔除深交所制造业上市公司中的未持续经营、ST 类和金融类样本，然后根据制造业二级分类进行分层抽样并考虑变量数据缺失问题，获取了 99 家制造业上市公司的数据。其中，绿色专利数据根据中国专利全文数据库和 CSMAR 经济金融研究数据库对比查找获取，累积超额报酬率、员工劳动效率增长率等数据根据上市公司发布的年报进行整理并用统计软件对某些指标进行计算获得。

（二）变量测量

1. 因变量

利益相关者支持方面，考虑到利益相关者同企业联系的复杂性，本书以股东、员工、顾客、政府作为利益相关者的代表，其根据绿色创新活动采取的对企业产生实际正面影响的行为为支持行为。因此，本书的利益相关者支持分为股东支持、员工支持、顾客支持、政府支持，并对各支持行为进行具体测量。根据已有研究对利益相关者支持意向的测量和采集数据的科学性，本书分别采用累积超额报酬率、员工劳动效率增长率、近三年销售额增长率、政府补贴金额的自然对数作为各利益相关者支持的替代变量。

2. 自变量

绿色创新的测量方法参见本书第四章内容。

3. 控制变量

由于企业利益相关者支持会受其他因素的影响，为了更加准确地研究绿色创新活动对企业利益相关者支持的作用路径。本书在参考已有文献基础上，选取所有权性质、企业规模、企业成长能力、企业经营能力作为控制变量。

综上，本书对模型中相关变量的测度及编码如表 6－7 所示。

表 6-7　变量的编码及测量

变量名称	变量代码	测量指标
绿色创新	Gp	当期绿色发明专利和绿色实用新型专利申请数之和
股东支持	Cer	当期累积超额报酬率
员工支持	Epgr	当期员工劳动效率增长率
顾客支持	Srgr	近三年销售额增长率
企业规模	Size	期末企业总资产的自然对数
企业性质	Nature	国有企业赋值为“1”,其余为“0”
企业成长能力	Growth	当期营业收入增长率
企业经营能力	Nagr	当期净资产增长率

(三)实证模型设计

在绿色创新和利益相关者支持的回归模型中,绿色创新为自变量,用绿色发明专利和绿色实用新型专利申请数之和衡量,股东支持、员工支持、消费者支持、政府支持为因变量。为减小方程的异方差、数据的波动性,实证模型中对绿色创新、企业规模等变量取对数。同时,根据 LSDV 法和 Hausman 检验对模型进行选择,检验均拒绝原假设,故选用固定效应模型。因此,具体研究绿色创新对利益相关者支持的回归模型为

$$\mathrm{Cer}_{it} = \beta_0 + \beta_1 \mathrm{lnGp} + \beta_2 \mathrm{lnGp} \times \mathrm{Nature} + \beta_3 \mathrm{lnSize} + \beta_4 \mathrm{Growth} + \beta_5 \mathrm{Nagr} + \varepsilon_i + \mu_{it} \tag{6-1}$$

$$\mathrm{Epgr}_{it} = \beta_0 + \beta_1 \mathrm{lnGp} + \beta_2 \mathrm{lnGp} \times \mathrm{Nature} + \beta_3 \mathrm{lnSize} + \beta_4 \mathrm{Growth} + \beta_5 \mathrm{Nagr} + \varepsilon_i + \mu_{it} \tag{6-2}$$

$$\mathrm{Srgr}_{it} = \beta_0 + \beta_1 \mathrm{lnGp} + \beta_2 \mathrm{lnGp} \times \mathrm{Nature} + \beta_3 \mathrm{lnSize} + \beta_4 \mathrm{Growth} + \beta_5 \mathrm{Nagr} + \varepsilon_i + \mu_{it} \tag{6-3}$$

本书设计模型(6-1)来分析绿色创新对股东支持的影响,利用模型(6-2)来分析绿色创新对员工支持的影响,利用模型(6-3)来分析绿色创新对顾客支持的影响。其中,Gp 代表绿色创新,Cer_{it}、Epgr_{it}、Srgr_{it} 分别为股东支持、员工支持、顾客支持,Size、Nature、Growth、Nagr 为控制组变量,ε_i、μ_{it} 为随机扰动项。

三、结果分析

(一)描述性分析

在对利益相关者支持的模型进行分析之前,需要对研究的数据特征进行分析。

为防止数据中极值效应，对所有连续变量在上下 1% 的水平上进行缩尾处理，处理极值后的描述性统计详见表 6－8。

表 6－8　描述性统计分析

变量	均值	中位数	标准差
lnGp	3.41	3.18	1.83
Cer	0.09	0.04	0.38
Epgr	0.09	0.07	0.31
Srgr	0.10	0.08	0.31
lnSize	3.14	3.13	0.05
Nature	0.73	1.00	0.45
Growth	0.49	0.50	0.18
Nagr	0.14	0.05	0.82

表 6－8 显示绿色专利申请量对数的均值为 3.41，标准差为 1.83，这表明制造业企业绿色创新数据较为集中，不同企业间绿色创新产出存在较大差异。累积超额报酬率、员工劳动效率增长率、销售额增长率的标准差分别为 0.38、0.31、0.31，相比于绿色创新波动性较小且数据较为分散，这表明绿色创新对不同的利益相关者支持的影响程度存在差异。企业规模数据的分位数在 3.1 附近，分布较为均匀，其均值和标准差分别为 3.14、0.05，这表明在研究样本中不同企业规模差异较小。所有权性质、企业成长能力、企业经营能力的标准差和均值都反映了数据的波动性及离散程度较小。

(二)变量多重共线性

在进行回归分析前，需要检验变量之间的多重共线性。本书通过统计软件在相关性分析的基础上进行方差膨胀因子 VIF 检验。结果表明，所有变量中最大的 VIF 值为 1.60，远小于 10，说明变量间不存在多重共线性问题。

(三)回归分析

为了研究绿色创新对企业关键利益相关者支持力度的影响，本书选取我国 2014—2018 年 99 家企业的面板数据。以绿色专利数为解释变量，累积超额报酬率、员工劳动效率增长率、销售额增长率、政府补贴为被解释变量，所有权性质、企业规模、企业经营能力、企业成长能力为控制变量，利用 Stata 15.0 进行回归分析，结果如表 6－9 所示。

表 6－9　绿色创新对利益相关者支持的影响

变量	模型 1	模型 2	模型 3
	Cer	Epgr	Srgr
lnGp	0.001**	0.012***	－0.006**
lnGp×Nature	0.005**	－0.010***	0.009***
lnScale	－8.214	16.269**	21.795***
Growth	0.192	0.005	－0.218
Nagr	0.057**	0.011	0.017
N	495	495	495
R^2	0.017	0.024	0.040

注：*、**、*** 分别表示在 10%、5%、1%的统计水平上显著。

表 6－9 报告了绿色创新对企业关键利益相关者的影响分析结果。在模型 1 中，绿色创新变量的回归系数为 0.001，且通过了 0.05 水平的显著性检验。该结果表明绿色创新与股东支持有显著的积极变动关系，即绿色创新能力较强的企业更容易得到股东支持。同时，绿色创新与企业性质的交互项为正，结果在 0.05 的水平下显著，这表明相比于非国有企业，国有企业的绿色创新对股东支持有更大的影响。模型 2 则显示了绿色创新对员工支持的回归结果，其估计系数为 0.012，且通过了 0.01 水平的显著性检验，绿色创新和企业性质的乘积显著为负，且通过了 0.01水平的显著性检验，这说明绿色创新显著正向影响员工对企业的支持且存在企业性质的差异，即在国有企业中，绿色创新对员工支持行为的影响更小。因此，假设 6－5、假设 6－6 得到了验证。

模型 3 则有不同的结果。由模型 3 的分析结果可以看出，绿色创新变量的回归系数为－0.006；绿色创新与企业性质的交互项为正，且结果在 0.01 的显著性水平下显著。这说明绿色创新对顾客支持存在企业性质方面的差异，即对于国有企业来说，绿色创新对顾客支持是显著正向影响，而非国有企业的绿色创新对顾客支持则相反。

上述研究表明企业性质是影响顾客支持的重要因素，这种影响可以用消费者偏好理论来解释。消费者偏好对绿色创新活动的支持行为存在企业性质差异的原因体现在以下两个方面。一方面，国有企业作为政府等行政机构实现政策性目标的重要载体，可以在融资、政府补贴、土地等方面获得优惠，树立了国有企业资金实力强、经营风险小等形象。而在中国长期的历史发展进程中，国有企业这种“兴业惠民”的理念和特有的制度优势在消费者心中形成了固化的良好形象，从而使消费者对企业绿色创新活动的产出更容易认可和支持，这也体现了消费者偏好的相对稳定性。另一方面，消费者偏好具有价值决定性，消费者对企业产品或服务的体验感受决定了产品的价值，而价格是价值的重要体现。国有企业以政府政策为导向，在利润的基础上必须承担较多的社会福利目标，而非国有企业往往追求利润最大化来维持其生存和发展。这种企业性质导致的利润目标的不同使得非国有企业将更多的绿色创新活动成本转嫁到产品价格上，导致产品价格超过消费者接受的期望价格。中国消费者对价格的敏感性和非国有企业经营的不确定性，往往降低了消费者对绿色创新成果的认可度及支持意向。因此，绿色创新对顾客支持的影响在国有企业和非国有企业之间存在着方向上的差异。

四、主要结论

本节重点探讨了绿色创新对股东支持、员工支持、顾客支持的影响，对中国制造企业处理好关键利益相关者的关系以实现绿色发展具有重要意义。

研究显示，第一，绿色创新对股东支持行为有正向的显著影响。股东在进行投资决策之前会对企业的经营实力进行考察，而进行绿色创新活动较多的企业会增强这种实力较强的形象，使得投资者更倾向于对其进行投资。第二，绿色创新活动对员工支持有正向的影响。其原因可能是员工将企业绿色创新活动与社会责任相联系，认为绿色创新能力较强的公司会建立更完善的人力资源保障体系，实现企业效益和员工目标的双赢。企业为员工提供的有形或无形的资源支持，促进员工工作效率提高，推动企业进步。第三，绿色创新对顾客支持的影响在企业性质层面存在差异，在国有企业中存在正向影响，在非国有企业中存在负向影响。这表明顾客支持意向不仅受绿色创新活动传递的社会责任信号的影响，也会受消费者偏好的影响。消费者偏好国有企业的原因主要是国有企业受到国家政策的保护，经营状态较为稳定，顾客更能对其产品或服务产生稳定的预期。

第七章　结论、对策建议与展望

第一节　结　论

在我国环境破坏问题日益严峻，社会公众对于企业绿色创新的期待和呼吁不断高涨的背景下，本研究依托组织社会学新制度主义理论、社会网络理论、知识管理理论以及注意力基础观的最新成果，按照战略管理“环境-决策-行为-结果”经典分析框架，通过基于扎根理论的多案例探索分析提出了制度合法性下制造企业绿色创新的形成机理，以及制造企业对利益相关者支持影响的理论模型。在此基础上，分别通过问卷调查收集和公开数据库收集了282家制造企业和128家上市制造企业的数据，借助多元回归方程等数理统计方法对上述分析框架进行了实证检验，得出了企业绿色创新的前因、内部的响应和决策过程，以及影响后果的整个机理过程：制造企业感知到的外部制度合法性（规制合法性、规范合法性和认知合法性）通过企业知识耦合这一中介效应，为企业绿色创新提供知识支持，进而促进绿色创新；同时企业高管根据制造企业所嵌入的组织间网络类型，采取合适的注意力配置策略，也有助于提升企业绿色创新的效果；制造企业自身的知识基础，与知识距离相匹配的企业进行合作研发，也有助于提高制造企业绿色创新效果；制造企业绿色创新又最终可以获得利益相关者的支持。本研究有效综合了关于企业实施绿色创新动机的两类观点，提出了遵从制度合法性、获取合法性以及获得利益相关者支持的需求是企业实施绿色创新的重要驱动因素。其中，制度合法性是一种“规范性”驱动因素，而获得利益相关者支持则是兼具了“规范导向”和“工具导向”两种性质的驱动因素。同时，本书也揭示了企业高层管理团队的注意力以及知识耦合在制造企业绿色创新过程中的重要作用。本书的主要结论如下：

(1)外部制度合法性对企业实施绿色创新有显著的推动作用，是重要的规范性驱动力量，但外部制度环境下的三种合法性类型（规制合法性、规范合法性和认知合法性）对制造企业绿色创新的影响程度存在显著差异。

在以往对制造企业绿色创新影响后果的研究中，学者们倾向于利用工具性观点探讨企业绿色创新与经济绩效的关系，并以此作为企业实施绿色创新的动机。本书通过对组织社会学新制度主义理论的梳理和回顾，并利用扎根理论的案例研究分析后发现，当外部制度环境的各类要素中(如法律、政策、准则、价值观等)包含了对制造企业绿色创新的期待和要求时，就赋予了该项行为在现实当中的合法性，从而对企业形成强制性、规范性和观念上的压力，企业出于对自身利益的考虑，会逐渐接受制度环境对其行为的形塑，实施绿色创新获取合法性，并满足利益相关者的要求。通过案例研究和对企业管理层的访谈，本书发现在绿色环保方面，企业感知到的外部制度合法性与Scott(1995)提出的制度合法性三维模型比较相符。其中，规制合法性的作用机理表现为共同法律和政治环境中涵盖的规则和权力系统，这套系统具有控制、奖励和制裁机制(如政治上的正确性和要求)，因此接受规制合法性的形塑使企业具备了政治和法律上的合法性。规范合法性囊括了社会信念、价值观和行业准则体系，主要通过共享意义的原则作用于组织行为，即某项行为被认为是理所当然的，同时赋予了企业存续所必需的道德合法性和价值合法性。认知合法性则更多强调了企业对自身定位、组织身份认同以及与周围组织关系的关注，模仿趋同是企业获取关系合法性和认知合法性的主要途径。DiMaggio 等(1991)指出，外部制度环境对组织的形塑会因时因地形成不同的影响，对于研究者而言，一个关键的分析任务就是确定在各种具体的背景下哪些因素是显著的，以及这些机制在何种程度上强化或削弱了这种影响。因此，结合制度合法性来源、影响逻辑和机理的差异，本书发现不同的制度合法性对企业高管注意力配置和绿色创新的作用机制是不同的。

本书的实证分析结果如下：首先，规制合法性对制造企业绿色创新有正向影响，但影响效果随时间的增加而减弱。规制合法性通过对特定行业制定污染防治指标、定期监督，以及制定环保法律、行政命令和奖惩措施等，对制造企业施加影响。制造企业为获取合法性，通常会积极展开绿色创新以服从和满足相关的环境规制。从短期来看，制造企业会将绿色创新视为产生额外成本的负担，但为了满足政府环境规制的要求，企业会通过加大技术创新的研发力度，提高产品的绿色技术含量。但长期来看，制造企业会减少对于绿色技术的研发，转而通过在末端的治污支出来作为替代方案，以达到治理污染的目标。因此，随着时间推移，如果没有后续政策的跟进，规制合法性对企业绿色创新的影响会逐渐减弱。其次，认知合法性对制造企业绿色创新有正向影响，且影响作用在较长一段时间内可以持续。原因在于，随着市场上消费者对环保的诉求日益强烈，提供高质量绿色环保的产品和服务将逐渐成为竞争优势的重要来源，从而使得制造企业会互相模仿行业中较为成功企业的绿色创新行为。当绿色创新逐渐成为竞争优势来源时，许多制造企业会将绿色创新作为一种差异化战略来指导生产和服务。在认知合法性下,制造企业会持续地关注并跟踪竞争对手绿色创新实践、环保技术变化趋势和产品市场需求转变,以此来及时判断和挖掘自身的绿色竞争力。因此,由认知合法性所导致的企业绿色创新实践在较长的一段时间内都不会减弱。

上述结论在一定程度上映衬了某些学者的观点,即“制度环境对组织管理者的认知具有符号化和仪式化的作用”,同时也再一次表明了制度环境中不同合法性来源的作用机制是有差异的,且每种合法性作用的方面和领域不同。

(2)知识耦合是影响制造企业绿色创新的重要企业内部因素,在制度合法性和企业绿色创新中起到中介作用,也是我们从知识视角理解“制造企业如何实施绿色创新”的关键视角。

本书在分析制造企业实施绿色创新的动力机制基础上,利用知识管理理论进一步研究了企业知识耦合是如何影响绿色创新效果的,探讨了制造企业知识耦合在外部制度合法性与制造企业绿色创新中所起的作用。研究发现,知识耦合可以划分为原有技术领域间的知识耦合与新旧技术领域间的知识耦合两个维度,规制合法性和认知合法性对知识耦合两个维度的影响存在差异。规制合法性和认知合法性均能正向影响企业在原有技术领域和新旧技术领域间的知识耦合,但规制合法性对原有技术领域的知识耦合的影响大于认知合法性,而认知合法性对新旧技术领域间的知识耦合的影响大于规制合法性。规制合法性作用下,企业侧重于满足政策与法律法规所要求的技术标准,因而迫切需要解决绿色创新的技术难题。同时,由于在未知的全新技术领域的知识搜索存在较大风险,并且容易导致企业成本急剧增加,因此企业会首先从较为熟悉的技术领域开始进行知识耦合。企业通过积极审视企业内部原有的知识体系,对现有的知识基础展开一定程度的调整或重构,尝试将研发重心从现有的研究方向转移到环保节能方向并尝试新的知识组合,通过对某几个特定技术领域间知识的不断重构来尝试突破原有的技术极限,从而推动知识基础的变革,实现绿色创新。然而,在认知合法性下,模仿同行企业和竞争对手的绿色创新实践的主要目的在于获得市场和顾客的认可,相对于达到某个技术指标,企业更关心的是,对于已经采取了绿色创新的同行企业产品和服务、市场的反应情况,以及节能环保产品的市场容量和空间等信息。因而在此逻辑下,制造企业除了进行知识耦合外,更倾向于加强与企业外各组织的联系与合作,进行新旧领域间的知识耦合。认知合法性很多时候被企业解读为一种由市场环保需求而带来的商机,因而会比规制合法性更主动地响应模仿压力,更积极地进行与绿色创新相关的新旧知识耦合活动。对于规制合法性而言,由于政府规制的惩罚性、强制性和不稳定性,同时绿色创新又具有高风险和长回报周期的特征,制造企业对于新旧领域间的知识耦合积极性不高。

(3)结合社会网络理论和高阶理论的注意力基础观，本书发现企业高管注意力配置是组织间网络影响企业绿色创新的重要传导机制。组织间网络作为外部潜在资源，通过与企业高管注意力配置的共同作用，会对企业绿色创新产生实质影响。在不同密度的组织间网络内，企业高管需要采取不同的注意力配置策略才能获得理想的绿色创新效果。具体而言，当企业嵌入的组织间网络密度较高时，采用注意力聚集策略是较好的选择；当企业嵌入的组织间网络密度较低时，采用注意力分散策略则更优。规制合法性和认知合法性均正向调节网络密度与高管注意力配置对企业绿色创新的影响，但两者的调节作用存在显著差异，认知合法性的调节作用要强于规制合法性。该结论表明，来自认知合法性的绿色创新驱动力对企业高管的影响更大，市场竞争优势是高管关注绿色创新及推动绿色创新决策的重要动因，与彭雪蓉等(2015)研究结论不一致。其可能的原因在于，随着我国经济结构调整，高管需要在环保议题上投入足够注意力来迎合市场的需求和认可，并在绿色创新上与国内外同行企业和竞争对手保持相近水平，否则可能会导致企业竞争力的丧失和经济效益的损害。

制度合法性要素中对制造企业绿色创新的要求会在规制、规范和认知合法性下形成强烈的刺激性因素，从而使得实施绿色创新这项活动具有极强的显著性，而环境中事件的显著性程度是吸引决策者注意力的重要因素(Fiske et al.,1991)。在制度合法性作用下，企业高层管理团队通过对绿色环保议题和响应程序(如建议、计划、会议、官方声明等)所产生的关注、编码、解释和聚焦的行为，使得绿色环保不再停留在理念和口号层面，而是进入了企业战略决策程序。因此，企业高层管理团队在绿色环保上的注意力配置在促进企业实施绿色创新方面具有关键作用，是组织间网络和制度合法性影响制造企业绿色创新的中间过程。该分析框架在一定程度上拟合了“环境-战略决策-行为-结果”的战略管理经典思维模式，也是对相关学者提出的“外部影响因素-企业绿色创新”的因果框架的深入和扩展，综合考虑了外部制度环境组织间网络和内部高层管理团队注意力特征对企业绿色创新的影响机制。另外，本书的回归分析结果也显示，企业高层管理者的不同注意力配置策略会对企业的绿色创新效果产生差异化影响。

(4)结合知识管理理论和社会网络理论，本书发现企业内部的知识基础、企业所嵌入联盟网络的知识距离以及网络密度均能影响企业绿色创新，其多维匹配是破解企业绿色创新对网络结构和知识结构偏好，获得理想创新效果的关键。当企业拥有多样化的知识基础时，企业嵌入低知识距离联盟是较好的选择；当企业拥有专业化的知识基础时，企业嵌入知识距离较大的创新网络则更优。网络密度能够调节知识距离与知识基础对企业绿色创新的交互作用，且调节效应存在时效差异。松散网络避免了由低知识距离所造成的知识过度嵌入的风险，因此改善了专业化知识基础和低知识距离这类原本非最优匹配组合对企业绿色创新的效果，并抑制了专业化知识基础和高知识距离的最优匹配对企业绿色创新的正向效应，且松散网络的调节作用能在较长一段时间内维持。紧密网络不仅强化了网络内低知识距离所带来的知识专业化优势，而且也通过加强网络内的信任关系缓解了由高知识距离所带来的知识过载的风险。因此，紧密网络能够同时强化专业化知识基础和高知识距离的组合，以及多样化知识基础和低知识距离的组合对绿色创新的正向效应。但紧密网络的调节作用会随时间推移而减弱，该结论从实证角度拓展了 Xiao 等(2007)关于紧密网络对创新的影响效应难以持续的观点。

(5)制造企业的绿色创新能够帮助企业获得各利益相关者的支持，但制造企业绿色创新对不同类型利益相关者支持的影响存在明显差异。同时，获得利益相关者支持的强烈需求是企业实施绿色创新的重要驱动因素。

实证结果表明，企业的绿色创新确实有助于获得利益相关者的支持。这也在访谈和企业内部文本资料中得到体现：首先，完全出于道德承诺、伦理规范或利他主义的企业绿色环保行为还没有被我国企业家和企业真正接受，同时他们也并不相信实施绿色创新会提高企业经济绩效。但是，多数企业家都认为通过实施绿色创新可以获得各利益相关者的支持，从而减少风险，促进创新，提高声誉，吸引更多的合作伙伴，扩大市场。从这个角度来思考，实施绿色创新有助于企业获得合法性，从而建立竞争优势。然而，他们也都认为这种建立竞争优势的方式在短期内效果不明显，是一项周期较长的战略。因此，一些处于成熟阶段、实力雄厚的企业相对而言，比较热衷于绿色创新活动。

其次，企业绿色创新对不同利益相关者支持的影响程度也不一样。这一点比较好理解，由于不同利益相关者的利益诉求存在较大差异，对企业绿色创新的感受也不同，因此，企业的绿色创新对不同利益相关者支持的影响程度也不同。作者从企业访谈中了解到，股东、管理者和员工等内部利益相关者更加注重企业的经济效益和财务状况，因为这和他们的投资回报、收入福利水平密切相关，而企业的绿色创新短期内会提高企业成本，对提高薪酬福利水平、改善工作环境等帮助不大，因此不容易获得他们支持。即使有理论研究表明，企业绿色创新会有助于企业长期发展，但对于内部利益相关者而言，这个预期显得有点遥不可及。在外部利益相关者看来，企业绿色创新给他们提供的绿色产品和解决方案有利于他们满足法律法规和行业规范的要求，因而会给予企业一定支持。在公众利益相关者看来，他们对制造企业的绿色创新最为敏感，因为企业绿色创新更容易获得他们的支持。

由此可以推论，制造企业实施绿色创新既有出于对自身利益的考虑，也即“工具性”的动因，也存在“规范性”的驱动因素。现阶段，在除了政府部门之外的公众型利益相关者的要求和期望还难以引起企业重视的情况下，理论上可通过强制性的政策和法规把绿色环保行为作为企业不能摆脱的一种约束条件。

第二节　理论价值与现实意义

一、理论价值

(1)首先，将知识耦合作为重要的中介变量进行研究，从知识管理视角厘清了制度合法性与绿色创新关系间的传导机制，弥补了目前制度理论视角下绿色创新的研究当中对于中介变量关注不足的缺憾，为破解绿色创新过程中的“黑箱”提供了理论依据。其次，通过构建制度合法性、知识耦合与制造企业绿色创新的综合分析框架，将在一般创新研究中被广泛运用且极具解释力的知识基础观理论引入企业绿色创新研究中，推动现有的理论成果从一般创新向绿色创新研究领域繁衍。同时，通过多种理论的整合运用，克服了单一理论解释力不足的缺陷，实现新制度主义理论、知识基础观理论和创新管理理论在绿色创新研究领域的融合，为绿色创新领域的相关问题提供崭新视角。最后，不管是从知识管理角度还是制度合法性角度，以往研究更多的是从静态视角分别探讨两者与绿色创新的关系，而本书将技术领域间的知识耦合这一衡量知识基础动态变化的变量，引入知识管理与绿色创新关系的理论框架中进行动态分析，同时识别出了规制合法性和模仿压力对绿色创新作用的时效性，为相关领域的研究提供了新的研究思路。

(2)第一，本书利用知识耦合的概念将不同技术领域间的知识互动，以及这种知识互动的动态变化进行整合，并引入知识基础与制造企业绿色创新关系的理论框架中进行动态分析，为绿色创新领域的研究提供了新的研究思路。同时，本研究也发现知识耦合和绿色创新之间不能简单地用线性的视角来审视，存在更为复杂的曲线关系，丰富了知识与绿色创新的相关研究成果。第二，知识耦合与创新之间的关系获得了许多学者的关注，但相关的实证研究却十分稀少，其中一个重要的原因在于难以对知识耦合的概念进行操作。本书通过对知识耦合方式的分类，并利用专利数据建立知识耦合矩阵，通过比较其在不同时期的动态变化，实现了对该抽象概念的量化操作和分析，为知识耦合与绿色创新的深入研究奠定了基础和提供了新的研究思路。第三，本书通过构建知识耦合、冗余资源与制造企业绿色创新的综合分析框架，从冗余资源的权变视角解释了不同技术领域的知识耦合对制造企业绿色创新的影响机制，将在一般创新研究中被广泛运用且极具解释力的资源基础观与知识基础观理论引入制造企业绿色创新中，推动现有的理论成果从一般创新向制造企业绿色创新研究领域繁衍。同时，通过多种理论的整合运用，克服了单一理论解释力不足的缺陷，实现多种理论在制造企业绿色创新研究领域的融合，也为绿色创新领域的相关问题提供崭新视角。

(3)本书从组织内外两个层次揭示了密度网络与高管注意力配置的交互组合对企业绿色创新的影响机制。一方面，有助于我们更好地从高管视角理解企业绿色创新发生的机制，丰富绿色创新领域的相关研究。目前只有少数文献探讨了高管价值观、承诺、领导力、环保意识等对企业绿色创新的作用(徐建 等，2017)，本研究从注意力层面进一步揭示了高管在企业绿色创新过程中扮演的重要角色，弥补了 Lewis 等(2014)所指出的目前绿色创新研究中对于企业高管个体，特别是高管认知层面因素关注不足的缺憾，对现有从个体层面视角的绿色创新研究做出了增量贡献。另一方面，以绿色创新为研究载体，通过引入高管注意力，为现有社会网络理论研究中关于网络密度与创新关系的学术争论提供了新的研究思路。针对由不同制度合法性下引发的企业高管注意力配置策略差异，通过分析“组织间网络和注意力配置”的组合在规制合法性和认知合法性调节下对绿色创新的影响变化，从内外双元视角识别出企业在不同制度合法性下的绿色创新响应机制，更深刻地解释了现实中企业绿色创新行为的组织异构现象，填补了 Mair 等(2016)提出的“不同制度情境下企业混合响应差异”的研究缺口。通过构建网络密度、注意力配置、规制合法性和绿色创新的综合分析框架，将在一般创新和战略管理研究中被广泛运用且极具解释力的社会网络理论和注意力基础观引入企业绿色创新研究中，为破解企业绿色创新过程中的“黑箱”提供了理论依据；同时，也推动了社会网络理论、注意力基础观等成熟理论成果从一般创新向绿色创新研究领域繁衍，为企业绿色创新研究加入与主流理论的对话进而拓展研究空间作出了贡献。

(4)本书从组织内外两个层次揭示了知识距离与知识基础的交互组合对企业绿色创新的影响。通过采用权变组合策略形成了支撑绿色创新的四种知识基础和联盟网络的组合配置，识别出了“专业化知识基础和高知识距离联盟”“多样化知识基础和低知识距离联盟”这两种最优配置。这一发现跳出了现有知识管理理论研究中知识基础的多样化和专业化、知识距离大小与创新关系的研究结论无法统一的争论，以悖论整合的权变思想为相关研究提供了新思路。同时，研究结论也从知识视角拓展了企业绿色创新的内部知识支撑条件及其外部联盟网络的选择偏好，为破解企业绿色创新过程中的“黑箱”提供了重要的理论依据。本书响应了 Quintana 等(2008)对于网络密度动态变化研究的呼吁，将网络密度松散和紧密的动态变化纳入企业绿色创新的研究框架中，厘清了网络密度在知识距离和知识基础的交互作用与企业绿色创新之间的调节作用以及转化机制，识别出了网络密度调节作用的共性、差异和时效特征，确认了网络密度在知识距离和知识基础对绿色创新协同演化过程中的作用，丰富了网络密度的研究，从网络视角诠释了企业绿色创新的情景依赖性，补充了 Xiao 等(2007)和 Burt(2015)提出的"关系网络的价值蕴含在网络结构及网络成员所掌握的资源中，但现有文献缺乏对于网络成员资源异质性和网络结构情境性下企业混合响应差异的研究"的研究缺口。由于企业主动进行绿色创新的意愿较弱，因此在较长一段时间里，学者们都将焦点放在绿色创新的驱动因素上。近期有部分学者指出，驱动因素只是解决了企业绿色创新的意愿，而如何在企业绿色创新过程中发挥知识要素的作用，帮助企业提高绿色创新的效果也同样重要。因此，本书响应这一呼吁，将在一般创新研究中被广泛运用且极具解释力的社会网络理论和知识管理理论引入企业绿色创新研究中，一方面，跳出了现有绿色创新研究中过于关注驱动因素的局限，拓展了企业绿色创新的研究思路；另一方面，也推动了社会网络和知识管理等成熟理论成果从一般创新向绿色创新研究领域繁衍。

(5)第一，以往研究绿色创新的文献发现，企业绿色创新难以在产品和服务市场上给企业带来立竿见影的经济效益，因而无法从企业经济绩效层面来解释企业绿色专利为何出现快速增长。本研究利用新制度主义理论合法性中的"能动观"，认为我国制造企业绿色创新具备新的驱动力，即将其作为获取政府支持的战略，从而将绿色创新后果的研究从市场领域拓展到政企关系的非市场领域，为理解制造企业绿色创新的动力提供了一个全新视角，也为整合政治战略和市场战略提供了新的机制，丰富了企业绿色创新领域的研究成果。第二，在政企关系框架下研究了制造企业绿色创新对政府支持的影响机制。目前探讨政企关系的文献大多强调了政府支持对于企业发展的重要作用，但对于企业如何才能获得政府支持的研究并不充分，大量研究都从政治关联视角进行探讨。而对于该视角，部分学者从"政治权力假设"的层面指出，由于企业在建立政治关联的过程中常常伴随着权力"寻租"的行为，因而难以将其作为一种正式的、可复制可推广地获取政府支持的手段，并呼吁加强从其他理论视角来展开研究。因此，本研究响应了上述学者的呼吁，发现作为一种企业战略的绿色创新与转型背景下政府鼓励绿色发展的制度要求是一致的，因而企业即使不具备政治关联，也能够通过绿色创新来获得政府支持，从而拓展了政企关系研究领域的研究思路。第三，作为新制度主义理论中的核心概念，合法性被认为是连接组织行为和场域中利益相关者的桥梁。但是在合法性构建机制上，主流文献主要利用"嵌入观"来阐述企业合法性的构建机制，认为企业在面对制度合法性时，将采取“同构”策略来获取合法性，强调的是企业被动地接受制度环境的同构。本书利用新制度主义理论中合法性的“能动观”，结合战略视角，发现合法性不仅是一种被动的压力，也可以成为企业一种重要的战略资源，企业可以通过主动的绿色创新实践建立合法性，影响政府认知和态度，从而拓展了新制度主义理论关于合法性的研究视角。同时，在合法性后果上，现有研究也主要以理论描述和研究命题的形式，从一般性角度阐述了合法性对组织生产与发展的影响，但这些研究大多缺乏相应的实证分析，导致结论显得较为笼统，解释力有限。本书通过将合法性的观点在企业绿色创新与政府支持的特定背景下具体化，提升了理论的解释力，同时也响应了 Bitektine 等(2015)关于展开合法性传导机制实证研究的号召，为新制度主义理论中合法性后果的研究作了增量贡献。另外，虽然新制度主义理论已明确合法性的建立会因企业所具有的不同特征(如组织规模、组织文化等)而产生差异，但具体到特定的特征如何影响组织合法性的建立，其作用机理是什么，还缺乏深入的理论和实证研究。本书以企业绿色创新与政府支持为具体情景，探讨了政治关联和竞争强度两个因素在其中的差异化影响，为更深入地研究企业合法性的建立机制提供了启示。

(6)关于“企业是否应该进行绿色创新”的探讨已失去意义，但研究企业绿色创新的驱动因素仍然十分重要。本书研究发现，虽然我国企业实施绿色创新的主要动因还是获取合法性，但是近几年，来自利益相关者的期待和要求，以及获得利益相关者支持的需要也逐渐成为一股重要力量。但是实践中，却很少有企业仅出于伦理道德方面的考虑而实施绿色创新。因此，在这个问题上进一步的理论研究，不仅在学术上有助于系统地整理出制造企业实施绿色创新的驱动因素，在现实中也能为制造企业的绿色创新实践提供具有说服力的理念和思想，同时也为企业绿色创新立法奠定法理基础。

二、现实意义

本书基于制度理论和利益相关者理论对制造企业绿色创新的研究结果显示，制造企业绿色创新不只涉及企业自身层面，也关系到整个社会福利的水平和发展，因此应该纳入宏观的社会制度背景下进行考虑，将其作为政府公共政策的一个重要组成部分。基于此，本书将从政府和企业两个层面提出相应的对策建议。

(一)对政府的政策建议

(1)政府有关部门应加快相关法律法规和行政命令的制定，形成有利的制造企业绿色创新的监督、激励和约束机制，引导制造企业积极实施绿色创新。

根据中国社会科学院经济学部企业社会责任研究中心最近三年发布的《中国企业社会责任研究报告》，在政府应该采取哪些措施推动企业实施绿色创新这个问题上，社会公众普遍认为最重要的是加强和完善相关法律法规的建设；同时大多数企业高层管理者也承认，在有关企业绿色创新的问题上，会更多考虑来自政府方面的影响。这一方面说明社会公众把推动企业绿色创新的希望寄托于政府出台相关的法律法规上；另一方面也说明在现阶段，依赖于企业家绿色环保意识的提高来促使企业主动实施绿色创新只能针对少数企业，大部分企业还是需要政策、法律法规来督促和规范。

本书的研究表明，与绿色环保相关的法律法规和行政政策构成了推动企业实施绿色创新的强制性的外部制度。这些具有强制执行性质的制度，能够直接迫使企业调整相应行为。因此，政府部门可以充分利用转型经济下制造企业对政府所掌握资源的依赖，充分发挥其在社会经济事务方面的强势地位，通过制度供给和法律约束引导企业进行绿色创新，如环境标准、准入制度和环保奖惩等，并通过企业家论坛、产业会议、招商引资会等方式定期向企业高管宣传绿色环保理念，来引导和激励制造企业积极开展绿色创新。

一是设立专门的企业绿色环保管理部门，负责协调、监督和扶持企业实施绿色创新。由于我国普遍存在执法不严的现象，因此可以通过这个专门的机构来协调各部门的行动，保障相关政策和法律落实到企业，使得政府的约束机制发挥效用。

二是建立奖惩机制。对于绿色创新实施情况较好的企业，树立为标杆企业并给予相应的扶持和政策上的优惠，如工商审批、信贷支持、税费减免、政府采购和市场准入等；对于不实施绿色创新或破坏环境的企业，加大处罚力度。

三是逐步建立科学客观的绿色环保评价体系。由于我国社会经济的特殊情况，目前无法要求所有企业依照全球绿色环保国际标准 SA8000 来执行，因此政府应根据我国国情，尽快建立健全适合本土实际的绿色环保评价体系。该标准的建立不仅可以为企业绿色创新的实施提供参考和坐标系，有助于社会公众和相关部门的监督，更为重要的是，可以为政府建立相应的奖惩机制提供一个可量化的标准。

(2)利用政府部门的主导地位，加快形成推进企业绿色创新建设联动体系，发挥社会各利益相关团体和组织的推动作用和企业的主体作用，实现企业绿色创新水平的提升。

通过法律法规、行政命令来推进企业实施绿色创新存在一定的局限性，主要体现在两个方面：第一，法律法规和行政政策难以囊括绿色创新的所有内容。本书的研究表明，对于法律法规没有强制企业实施的绿色环保行为，企业更倾向于“不作为”。第二,正如上面所分析的,我国现阶段法律法规尚不完善,且存在执法不严的现象,单靠法律法规的强制性措施不足以保障制造企业积极进行绿色创新。因此,针对法律法规的局限性,政府应通过相应的政策引导和平台搭建,激发社会上各利益相关团体和组织的力量,共同推进企业绿色创新。同时,本书的研究结论表明,利益相关者能够对企业绿色创新决策产生积极作用,他们通过舆论和行业准则等形成的规范性压力,会有效促进制造企业进行绿色创新,这些规范性压力同时能够影响到企业高层管理团队对于绿色创新的态度和注意力。与强制性压力影响作用不同的是,这些规范性压力对于企业实施绿色创新的作用方式更加灵活多样。

其中一个重要措施是支持和鼓励我国各种社会性组织(如非政府组织等)的发展,引导它们充分发挥作用,提高这些组织的管理水平、公信力和相对独立性。这些组织更容易与公众形成联盟,收集民意,成为公众利益诉求的渠道,把相对弱势的分散的群体相联系,从而推动制造企业实施绿色创新。同时,这些组织也能够帮助企业开展绿色创新实践,向企业传导绿色环保的理念,进行绿色管理相关管理体系的建立,把经济价值和社会价值相结合。

另外,政策制定部门可根据不同企业的知识结构和特点来制定政策,引导绿色创新联盟的构建。针对知识多样化的企业,通过制定和完善各种环境标准、产品禁令、环保奖惩等强制性环境规制政策来提高技术准入门槛,限制联盟扩张,鼓励企业深化现有的合作关系,构建紧密的封闭式绿色创新联盟网络。针对知识专业化的企业,利用市场竞争和经济激励代替环境规制,引导企业在绿色环保领域展开广泛的合作,打造松散的开放式绿色联盟网络。

(3)营造社会和舆论氛围,加强对企业家的教育,提高企业家的绿色环保意识。本书的研究结果指出,企业高层管理者的认知和注意力对企业实施绿色创新具有深刻的影响。由于之前我国经济基础差、起步晚,因此在市场经济的发展过程中过于强调经济效率和经济增长,再加上企业绿色环保理念的引入和传播也相对滞后,导致我国企业家群体整体的绿色环保意识较为淡薄。近几年的《中国企业经营者成长与发展专题调查报告》也指出,虽然我国企业经营者环保意识在逐渐增强,但总体而言仍然存在认识较为粗浅、理解过于片面等问题,如在绿色环保的具体内容、范围和目的等方面的认识上与发达国家存在一定差距。

对于政府部门而言,可以参照欧美等发达国家的做法,在国内各高校和培训机构的 MBA 课程中设立涉及商业伦理和绿色环保的必修课程,通过这些教育在一定程度上提高他们的认识,改变他们的态度和动机。同时加大对社会公众、社会性组织和企业的舆论宣传及正确引导,并加强宣传过程中的针对性,根据不同的社会主体选择相应的宣传内容。例如,对于企业,可以通过典型案例向其展示高水平的绿色创新有助于建立竞争优势；对于社会公众，应强调绿色环保的消费理念；对于投资者，则可以引导其对低碳节能领域进行投资等。另外，也要充分发挥市场竞争机制在推动企业绿色创新中的作用，利用市场竞争和经济激励代替行政处罚，引导企业在绿色环保领域展开广泛深入的合作；积极营造和引导市场上的绿色环保需求，使之影响企业绿色创新决策；加强与企业高管的联系，通过企业家论坛、产业会议、展销会等方式定期向企业高管宣传绿色环保理念，加强对高管的教育。

（二）对企业的对策建议

（1）重视制度环境的影响作用。在我国，尽管已经有一些企业家意识到绿色创新对于企业获取竞争优势的重要作用，然而大部分企业实施绿色创新主要还是迫于外部制度的压力。因此，企业必须充分认识到，外部制度合法性和利益相关者对企业绿色环保的期望和要求将会一直持续，而不会消失。近几年的中国企业环境保护研究报告表明，由于商业伦理丑闻事件的频发，政府和社会公众对于企业环境破坏问题的关注程度呈不断上升的趋势，企业的绿色环保行动成为公众评价一个企业社会价值的重要标准。另外，企业的利益相关者也会通过各种方式和渠道来影响企业的经营活动，迫使企业采取绿色环保行为以满足他们的要求。企业如果不能正确回应利益相关者的诉求，就可能会遭受诸如“逼捐”、舆论压力、社会合法性地位受到威胁、关键社会资本丧失（Ingram et al.，2010）等负面影响。在目前实施绿色创新逐渐成为全球企业未来发展趋势的情况下，企业高层管理者必须转变思维，由过去被动地应付外部制度环境的压力，转变为主动出击，对制度合法性作出积极响应，将绿色创新活动与企业战略相结合，并作为一种差异化战略来实施和开展，在回应了制度合法性的同时，也改善了与利益相关者的关系质量，获取了竞争优势。

当模仿压力较大时，意味着大部分企业都有对外寻求和分享绿色环保相关知识的动机和意愿，因此这时对于企业而言，跨越组织边界去搜索新知识并与原有知识相耦合会比只在原有熟悉的技术领域内进行知识耦合更加有效。当规制合法性较大时，在原有熟悉的技术领域内进行知识耦合则是更好的选择。当企业在原有熟悉的技术领域内进行知识耦合时，应尽可能地提高知识耦合的程度，使其达到某个关键临界点后，才能更加有效地提升绿色创新效果，同时也能够避免跨越组织边界的知识搜索所导致的风险和成本。当企业对新旧技术领域间的知识进行耦合时，应控制好知识耦合的程度，过于深入的知识耦合会导致企业的知识基础变化异常剧烈，从而不利于绿色创新。

（2）要选择合适的知识耦合方式和知识距离合适的创新联盟。制造企业的绿色发展转型很大程度上依赖于绿色创新，而制造企业绿色创新是一个复杂的过程，涉及产品设计、材料运用、生产、工艺、末端治理等多个环节，需要耦合多个技术领域的知识来进行知识创造和技术开发。一般而言，在绿色创新时，制造企业有两种知识耦合的策略可以选择，一是在原有熟悉的技术领域内进行耦合；二是将新技术领域的知识与原有技术领域内的知识耦合。同时在这个过程中，制造企业还要考虑冗余资源的情况。当冗余资源程度较高时，可以考虑只在企业现有熟悉的技术领域进行知识耦合，但是需要尽可能地提高这些技术领域间的知识耦合程度，使其达到某个关键临界点。因为较高的冗余资源使得制造企业有能力在传统的生产、制造工艺和末端治理等多个熟悉的技术领域间进行反复和深度搜索，发现新颖的、异质性的知识组合，从而实现在某个或数个环节上的绿色创新，如生产过程更节能、材料消耗更少、排污更小等。当冗余资源程度较低时，对新旧技术领域间的知识进行耦合是更好的选择，如引入新的清洁技术、环保材料、绿色产品设计理念和绿色市场视角等重新审视各个生产制造环节，开发更符合绿色消费理念的环保节能产品等。

另外，在企业绿色创新过程中，企业决策者应评估自身知识基础情况，选择知识距离合适的创新联盟，通过权变组合策略有针对性地从联盟中获取绿色创新相关知识。当企业拥有多样化知识基础时，企业应该嵌入低知识距离联盟，通过获取绿色环保领域中某几个特定环节上的精深知识来突破绿色创新中的关键技术。当企业拥有专业化知识基础时，企业应该嵌入高知识距离联盟，并根据自身的制造工艺、产品特点，从多个技术领域选择合适的异质性绿色环保知识来开展绿色创新。

(3)充分发挥高层管理者在企业绿色创新上的作用。根据高阶管理理论，以及本书基于注意力基础观对制造企业绿色创新决策过程的分析结果，企业高层管理者对于绿色环保的态度和重视程度，是企业实施绿色创新的关键。第一，企业高层管理者把握着企业总体战略部署和经营方针的制定，也监控着企业具体的经营行为。因此，企业高层管理者可以从两个层面来支持企业的绿色创新活动。一方面，在企业绿色创新的战略规划上，高层管理者应明确组织目标和战略定位，关注相应的社会议题和利益相关者需求，选择合适的绿色环保议题并纳入决策程序，从而提高企业绿色创新决策的效率和效果。第二，在企业通过网络化的合作模式来开展绿色创新的过程中，企业管理者应评估企业所嵌入的组织间网络密度情况以选择合适的注意力配置策略，有选择性地从网络中获取绿色创新相关知识。当企业在紧密的组织间网络中开展绿色创新活动时，高管应将注意力聚集于某几个关键的合作伙伴，加强与这些特定组织的关系纽带，在绿色创新上深化与这些组织的合作，通过获取绿色环保领域中某几个特定环节上的复杂、精深知识来突破绿色创新中的关键技术，避免过度嵌入的不良影响。当企业在松散的组织间网络中开展绿色创新活动时，高管应将注意力广泛地分散到各个合作伙伴上，与尽可能多的组织建立合作关系，通过获取多样化、异质性的绿色环保知识来开展绿色创新。

(4)制造企业也可以将绿色创新作为一种差异化的企业战略，以此来建立和提升合法性，从而获得政府支持。特别是对于那些没有政治关联或者处于竞争激烈行业中的制造企业而言，通过实施绿色创新来获得政府支持也许是一种更好的选择，因为处于这两种情景下的制造企业实施绿色创新可以建立比其他企业更为显著的合法性，从而获得政府支持。

第三节 研究不足与展望

本书在吸收利益相关者、战略管理、新制度主义等多领域思想的基础上，按照“环境-战略决策-行为-结果”的战略管理经典思维模式，研究了制度合法性下制造企业知识耦合对企业绿色创新的影响，以及组织间网络与高管注意力配置的交互匹配、知识基础与知识距离的交互匹配对企业绿色创新的影响，并进一步探讨了制造企业绿色创新对利益相关者支持的影响机制。这种研究只是初步的，是一种新的尝试，以后可以在该领域进行更具体、更深入，对企业和社会的实践意义更大的研究。

由于利益相关者理论目前也处在发展过程中，这些最新成果不可避免地具有一定的不成熟性，还需要后续研究的完善。此外，由于不同类型的利益相关者间的权重、动态性等问题还没有得到很好解决，因此企业绿色创新的动态性等问题也受到制约，下一步应加强利益相关者理论与制造企业绿色创新的进一步融合、研究与应用。

本书在样本选择时有一定的局限。本书的一个重要研究对象为企业高层管理者，但是由于受到时间、能力和社会资源等条件的限制，最后问卷填答的对象并没有完全涵盖高层管理者范围，这在一定程度上影响了本书变量关系研究的有效性。本研究对于样本的选择主要是利用社会资源和社会关系，因此样本分布的区域较为集中，虽然也尽力包含了广西、云南等西部地区的上市公司，但数量极少，因此不具有广泛的地区代表性。此外，尽管研究中已经将企业规模、行业类别、企业所有制性质以及利益相关者支持等因素作为控制变量加入回归模型中进行分析，但是受到样本数量的限制，无法进行效度延展分析。因此，在未来的研究中，在条件允许的情况下，可以拓展研究样本来源。

参考文献

暴海龙,李金林,2004. 专利技术关联性分析方法研究[J]. 科研管理(25): 3-8.

毕克新,申楠,2016. 制造业绿色创新系统知识溢出的传导机制[J]. 学术交流, 65(4):122-128.

毕克新,杨朝均,隋俊,2015. 跨国公司技术转移对绿色创新绩效影响效果评价:基于制造业绿色创新系统的实证研究[J]. 中国软科学(11): 81-93.

边燕杰,2004. 公司的社会资本及其对公司业绩的影响: 社会网络分析[M]//徐淑英,刘忠明.中国企业管理的前沿研究. 北京: 北京大学出版社.

曹正汉,2005. 无形的观念如何塑造有形的组织:对组织社会学新制度学派的一个回顾[J]. 社会(3): 207-216.

曾德明,文金艳,2015. 协作研发网络中心度、知识距离对企业二元式创新的影响[J]. 管理学报,12(10): 1479.

陈力田,朱亚丽,郭磊,2018. 多重制度压力下企业绿色创新响应行为动因研究[J]. 管理学报,15(5): 710-717.

陈晓萍,徐淑英,樊景立,2008. 组织与管理研究的实证方法[M]. 北京: 北京大学出版社.

陈钰芬,叶伟巍,2013. 业内部 R&D 和外部知识搜寻的交互关系: STI 和 DUI 产业的创新[J].科学学研究,31(2): 266-285.

陈钰芬,2009. 企业开放式创新的动态模式研究[J]. 科研管理,30(5): 1-11.

邓新明,2011. 我国民营企业政治关联、多元化战略与公司绩效[J]. 南开管理评论(4): 10-15.

高章存,汤书昆,2008. 基于认知心理学的企业知识创造机理探析:兼对野中郁次郎 SECI 模型的一个拓展[J]. 情报杂志(8):87-91.

戈黎华,2008. 企业知识创造路径探讨:基于共享心智模式的分析[J]. 科学学与科学技术管理(6):94-97.

郭英远,张胜,张丹萍,2018. 环境规制、政府研发资助与绿色技术创新:抑制或促进?:一个研究综述[J]. 华东经济管理,32(07): 42-49.

胡美琴，骆守俭，2008. 企业绿色管理影响因素：基于在华跨国公司的实证研究[J]. 经济与管理研究(7)：66－70.
贾卫峰，党兴华，2010. 技术创新网络核心企业知识流耦合控制研究[J]. 科研管理，31(1)：56－63.
江旭，沈奥，2018. 未吸收冗余、绿色管理实践与企业绩效的关系研究[J]. 管理学报，15(4)：539－547.
姜莹，王家斌，2009. 产业集群内企业知识共享的价值与策略研究[J].科学学与科学技术管理(8)：192－195.
李晓翔，刘春林，2011. 冗余资源与企业绩效关系的情境研究：兼谈冗余资源的数量变化[J].南开管理评论(3)：4－14.
李一，李刚，冯泰文，2018. 治理机制视角下客户参与新产品开发的影响因素研究[J]. 科学学与科学技术管理，39(1)：154－167.
李怡娜，2011. 制度压力、绿色环保创新实践与企业绩效关系：制度主义理论和生态现代化理论视角[J]. 科学学研究，29(12)：1884－1894.
林明，任浩，董必荣，2015. 技术多样化结构二元平衡、企业内聚性与探索式创新绩效[J]. 科研管理，36(4)：65－72.
刘林平，2006. 企业的社会资本：概念反思和测量途径：兼评边燕杰、丘海雄的企业的社会资本及其功效[J]. 社会学研究(2)：204－216.
刘岩，蔡虹，向希尧，2016. 企业技术知识基础多元度对技术合作的影响：技术创新能力的中介作用[J]. 系统管理学报，25(2)：203－210.
柳卸林，孙海鹰，马雪梅，2015. 基于创新生态观的科技管理模式[J]. 科学学与科学技术管理，36(01)：18－27.
卢正文，刘春林，2011. 从“股东至上”到“企业公民”：企业慈善观研究述评[J]. 现代经济探讨(5)：62－67.
罗党论，刘晓龙，2009. 政治关系、进入壁垒与企业绩效：来自中国民营上市公司的经验证据 [J]. 管理世界(5)：104－113.
吕源，2009. 以制度理论为基础的企业战略管理实证研究方法简述[J]. 战略管理，1(1)：66－84.
潘清泉，唐刘钊，2015. 技术关联调节下的企业知识基础与技术创新绩效的关系研究[J]. 管理学报，12(12)：1788－1796.
彭雪蓉，魏江，2015. 利益相关者环保导向与企业生态创新：高管环保意识的调节作用[J]. 科学学研究，33(7)：1109－1120.
沈洪涛，苏亮德，2012. 企业信息披露中的模仿行为研究：基于制度理论的分析[J].

南开管理评论(3)：62－100.
隋俊，毕克新，杨朝均，等，2015. 跨国公司技术转移对我国制造业绿色创新系统绿色创新绩效的影响机理研究[J]. 中国软科学(1)：118－129.
王霞，徐晓东，2016. 竞争异质性、管理者道德认知与企业的生态创新研究[J]. 上海财经大学学报，18(4)：3－8.
魏成龙，张洁梅，2009. 企业并购后知识整合传导机理的实证研究[J]. 中国工业经济，5(14)：119－128.
魏江，2000. 知识特征和企业知识管理[J]. 科研管理，3(21)：6－10.
魏泽龙，谷盟，2015. 转型情景下企业合法性与绿色绩效的关系研究[J]. 管理评论，27(4)：76－84.
温忠麟，侯杰泰，张雷，2005. 调节效应与中介效应的比较和应用[J]. 心理学报，37(2)：268－274.
翁莉，马林，和媛媛，2013. 传统产业升级下绿色供应链知识共享与绿色创新研究综述[J]. 经济问题探索(11)：153－157.
吴保根，2012. 大学科技园知识管理的理论与实证研究[J]. 东华大学学报(10)：25－33.
吴汉贤，邝国良，2010. 企业网络结构对产业集群竞争力的影响分析：基于网络密度[J]. 科技管理研究(14) ：154－157.
肖华，2016. 制度压力、高管特征与公司环境信息披露[J]. 经济管理，38(3)：168－180.
徐建中，贯君，林艳，2017. 制度压力、高管环保意识与企业绿色创新实践：基于新制度主义理论和高阶理论视角[J]. 管理评论，29(9)：72－83.
杨向阳，刘备，陈凯华，等，2015. 政府支持对 KIBS 企业创新活跃度的影响[J]. 科学学与科学技术管理，36(12)：13－23.
于飞，胡查平，董亮，2019. 知识耦合对制造企业绿色创新的影响机理：冗余资源的调节作用[J]. 南开管理评论(3)：54－65.
余菲菲，2015. 联盟组合构建对企业绿色创新行为的影响机制：基于绿色开发商的案例启示[J]. 科学学与科学技术管理，36(05)：13－23.
余光胜，刘卫，唐郁，2006. 知识属性、情境依赖与隐性知识共享条件研究[J]. 研究与发展管理，18(6)：23－29.
袁建国，后青松，程晨，2015. 企业政治资源的诅咒效应：基于政治关联与企业技术创新的考察[J]. 管理世界(1)：139－155.
张钢，张小军，2014. 企业绿色创新战略的驱动因素：多案例比较研究[J]. 浙江大学学报(人文社会科学版),44(1):113－124.
张敏,马黎珺,张雯,2013.企业慈善捐赠的政企纽带效应:基于我国上市公司的经验证据[J].管理世界(07):169－177.
张天悦,2014.环境规制的绿色创新激励研究[D].北京:中国社会科学院.
张小军,2012.企业绿色创新战略的驱动因素及绩效影响研究[D].杭州:浙江大学.
郑烨,吴建南,王焕,2017.打开政府支持行为与企业创新绩效关系的"黑箱":一个研究综述[J].华东经济管理,31(10):155－163.
中华人民共和国国家知识产权局规划发展司,2018.中国绿色专利统计报告(2014—2017年)[R].北京:中华人民共和国国家知识产权局.
周江华,仝允桓,李纪珍,2012.基于金字塔底层(BoP)市场的破坏性创新:针对山寨手机行业的案例研究[J].管理世界(2):112－130.
周密,赵文红,宋红媛,2015.基于知识特性的知识距离对知识转移影响研究[J].科学学研究,33(7):1059－1068.
周雪光,2010.多重逻辑下的制度变迁:一个分析框架[J].中国社会科学(4):132－150.
朱桂龙,李汝航,2008.企业外部知识获取路径与企业技术创新绩效关系实证研究[J].科技进步与对策,5(25):152－155.
朱亚丽,孙元,狄瑞波,2012.网络特性,识缄默性对企业间知识转移效果的影响:基于网络特性调节效应的实证分析[J].科研管理,33(9):108－115.
邹国庆,倪昌红,2010.经济转型中的组织冗余与企业绩效:制度环境的调节作用[J].中国工业经济(11):120－129.
邹海亮,姜紫含,帅萍,2018.董事会连锁关系与环境绩效:基于社会网络的视角[J].华东经济管理,32(3):119－127.
ABRAHAMSON E, HAMBRICK D, 1997. Attentional homogeneity in industries: The effect of discretion [J]. Journal of Organizational Behavior, (18):513－532.
ACHIM W,2003. Functions of industrial supplier relationships and their impact on relationship quality [J]. Industrial Marketing Management, 32(2): 159－169.
AHUJA G,2000. Collaboration networks, structural holes, and innovation: A longitudinal study [J]. Administrative Science Quarterly,45(3): 425－455.
AIKEN L S, WEST S G,1991. Multiple regression: Testing and interpreting

参考文献

interactions [M]. CA:Newbury Park.

ALAVI M,LEIDNER D E,2001. Knowledge management and knowledge management systems, conceptual foundations and research issues [J]. MIS Quarterly, 25 (1): 107 - 136.

ALLEN H,HSU C W,2010. Critical factors for implementing green supply chain management practice: An empirical study of electrical and electronics industries in Taiwan [J]. Management Research Review(33):586 - 608.

ALRAZI B,DE-VILLIERS C J,2015. A comprehensive literature review on,and the construction of a frame work for,environmental legitimacy,account-ability and proactivity [J]. Journal of Cleaner Production(7):44 - 57.

AMBURGEY T,RAO L H,1996. Organizational ecology: Past,present,and future directions [J]. Academy of Management Journal,39(5): 1265 - 1286.

ARNOLD D G,WILLIAMS L H D,2012. The paradox at the base of the pyramid: Environmental sustainability and market-ased poverty alleviation [J]. International Journal of Technology Management,60(1): 44 - 59.

BACKMAN J,1975. Social respond and accountability [M]. New York: New York University Press.

BARONR M,KENNY D A,1986. The moderator - mediator variable distinction in social psychological research: Conceptual,strategic,and statistical considerations [J]. Journal of Personality and Social Psychology,51(6):1173 - 1182.

BASU A,2008. Corporate social responsibility: A process model of sense-making [J]. Academy of Management Review,33(1):122 - 136.

BERCHICCI L,2013. Toward an open R&D system: Internal R&D investment, external knowledge acquisition and innovative performance [J]. Research Policy,42(1): 117 - 127.

BERRONE P,2013. Necessity as the mother of green inventions: Institutional pressures and environmental innovations [J]. Strategic Management Journal,34 (8): 891 - 909.

BITEKTINE A, HAACK P, 2015. The Macro and the micro of legitimacy: Towards a multi - level theory of the legitimacy process [J]. Academy of Management Review(1): 49 - 75.

BOISOT M,BENITA C H,2005. The I - Space,a framework for analyzing the evolution of social computing [J]. Technovation,19(9):525 - 536.

BOKUSHEVA R,KUMBHAKAR S C,LEHMANN B,2012. The effect of environmental regulation on Swiss farm productivity [J]. International Journal of Production Economics,136(1): 9-101.

BORGATTI S P,FOSTER P C,2003. The network paradigm in organizational research: A review and typology [J]. Journal of Management,29(6): 991-1013.

BOUBAKRIN R,GUEDHAMI O,MISHRA D,2012. Political connections and the cost of equity capital [J]. Journal of Corporate Finance,18(3): 541-559.

BOURGEOIS L J,1981. On the measurement of organizational slack [J]. Academy of Management Review,6(1):29-39.

BOUTINOT A,MANGEMATIN V,2013. Surfing on institutions:When temporary actors in organizational fields respond to institutional pressures [J]. European Management Journal,31(6):626-641.

BRESCHI S,LISSONI F,MALERBA F,2003. Knowledge-relatedness in firm technological diversification [J]. Research Policy,32(1):69-87.

BUMIN D,HANDE B,AYKAC C,2018. Assessing the effect of product innovations on consumer satisfaction: A green perspective [J]. Journal of Administrative Sciences,16(31):41-58.

BURT R S,2015. Reinforced structural holes [J]. Social Networks,43(4): 149-161.

BURT R S,1992. Structural holes [M]. Cambridge: Harvard University Press.

BURT R S,KILDUFF M,TASSELLI S,2013. Social network analysis: Foundations and frontiers on advantage [J]. Annual Review of Psychology,64(1): 527-547.

BURT R S,2004. Structural holes and good idea [J]. American Journal of Sociology,110(2):349-399.

CAINELLI G,DE-MARCHI V,GRANDINETTI R,2015. Does the development of environmental innovation require different resources? Evidence from Spanish manufacturing firms [J]. Journal of Cleaner Production,94(3):211-220.

CANER T,TYLER B B,2015. The effects of knowledge depth and scope on the relationship between R&D alliances and new product development [J]. Journal of Product Innovation Management,32(5):808-824.

CARNABUCI G,OPERTI E,2013. Where do firms' recombinant capabilities come from? Intra-organizational networks,knowledge,and firms' ability to innovate by technological recombination [J]. Strategic Management Journal, 34 (13): 1591 - 1613.

CAROLINE F, 2018. Competing for government procurement contracts: The role of corporate social responsibility [J]. Strategic Management Journal, 39 (2): 1299 - 1324.

CHAN R K, 2005. Does the natural - resource - based mew of the firm apply in an emerging economy? A survey of foreign invested enterprises in China [J]. Journal of Management Studies, 42(3): 625 - 672.

CHILD J, 1972. Organizational structure, environment and performance: The role of strategic choice sociology [J]. Sociology, 6(1): 1 - 21.

CLEARYl S, 1999. The relationship between firm investment and financial status [J]. Journal of Finance, 54(2): 673 - 692.

COHEN J, COHEN P, WEST S G, 2003. Applied multiple regression/correlation analysis for the behavioral sciences [M]. Mahwah: Lawrence Erlbaum Associates.

COHEN W M, LEVINTHAL D A, 1990. Absorptive capacity-a new perspective on learning and innovation [J]. Administrative Science Quarterly, 35 (1): 128 - 152.

COLWELI S R, JOSHI A W, 2013. Corporate ecological responsiveness; antecedent effects on institutional pressure and top management commitment and their impact on organizational performance [J]. Business Strategy and the Environment, 22(2): 73 - 91.

COOL K, SCHENDEL D, 1987. Strategic group formation and performance: The case of the U. S. pharmaceutical industry, 1963—1982 [J]. Management Science, 33(9): 1102 - 1124.

CUMMINGS J L, TENG B S, 2003. Transferring R&D knowledge: The key factors affecting knowledge transfer success [J]. Journal of Engineering and Technology Management, 20(1): 39 - 68.

DAHLANDE R L, MCFARLAND D A, 2013. Ties that last: Tie formation and persistence in research collaborations over time [J]. Administrative Science Quarterly, 58(1): 69 - 110.

DAI J, CANTOR D E, MONTABON F L, 2015. How environmental management competitive pressure affects a focal firm ' s environmental innovation activities: A green supply chain perspective [J]. Journal of Business Logistics,36(3):242 - 259.

DANGE L,ROSA M,2016. Green product innovation: Where we are and where we are going [J]. Business Strategy & the Environment,25(8):560 - 576.

DAVENPORT T H,PRUSAK L,1998. Working knowledge how organizations management what they know [M]. Boston:Harvard Business School Press Boston.

DE-VILLIERS C,LOW M,SAMKIN G,2014. The institutionalization of mining company sustainability disclosures [J]. Journal of Cleaner Production,84(1): 51 - 58.

DEN H F,BAKKER F G,2007. Ideologically motivated activism: How activist groups influence corporate social change activities [J]. Academy of Management Review,32(3):901 - 924.

DIMAGGIO P J,POWELL W W,2000. The iron cage revisited: Institutional isomorphism and collective rationality in organizational fields [J]. Advances in Strategic Management,48(2):147 - 160.

DIMAGGIO P J, POWELL W W,1999. Introduction in the new institutionalism in organization analysis [M]. Chicago: University of Chicago Press.

DIMAGGIO P J,1988. Interest and agent institutional theory [M]. Cambridge: Ballinger Publishing Company.

DONG Y,WANG X,JIN J,2013. Research on effects of eco - innovation types and regulations on firm' ecological performance: Empirical evidence from China [J]. Journal of Engineering and Technology Management, 34 (11): 78 - 98.

DOUGLAS M, 1986. How institutions think? [M]. Syracuse: Syracuse University Press.

DOWLING J B,PFEFFER J,1975. Organisational legitimacy: Social values and organisational behavior [J]. Pacific Sociological Review,18(1):122 - 136.

EDMONDSON A C, 1999. Psychological safety and learning behavior in work teams [J]. Administrative Science Quarterly,44(2):350 - 383.

EISENHARDT K M,1989. Building theories from case study research [J]. Academy of Management Review,14(4):532.

FACCIO M,MASULIS R W,2006. Political connections and corporate bailouts

[J]. Journal of Finance,61(6):2597 - 2635.

FAN P H T,WONG J,ZHANG T,2013. Institutions and organizational structure: The case of state - owned corporate pyramids [J]. Journal of Law,Economics and Organization(6):1217 - 1252.

FISCHER G, KOTHA S, LAHIRI A, 2016. Changing with the times: An integrate view of identity; legitimacy,and new venture life cycles [J]. Academy of Management Review,41(3):56 - 72.

FISKE S T,TAYLOR S,2016. Social cognition: From brains to culture [M]. Thousand Oaks,CA:Sage.

FLAMMER C, 2018. Competing for government procurement contracts: The role of corporate social responsibility [J]. Strategic Management Journal, 39 (5): 1299 - 1324.

FONG C M,CHANG N J,2012. The impact of green learning orientation on proactive environmental innovation capability and firm performance [J]. African Journal of Business Management,6(3):397 - 401.

FRAPPAOLO C, 1999. Smart things to know about knowledge management [M]. North Mankato: Capstone US.

FRONDEL M,HORBACH J,RENNINGS K,2017. End-of-pipe or cleaner production? An empirical comparison of environmental innovation decisions across OECD countries [J]. Business Strategy & the Environment,16(8):571 - 584.

FRONE D F,FRONE S,2018. Eco - innovation parks for a green development in small and medium sized enterprises [J]. Management,Economic Engineering in Agriculture & Rural Development,18(2):187 - 194.

GAUTHIER C, GENET C, 2014. Nanotechnologies and green knowledge creation: Paradox or enhancer of sustainable solutions? [J]. Journal of Business Ethics,124(4):571 - 583.

GE Z H,HU Q Y,XIA Y S,2014. Firms' R&D cooperation behavior in a supply chain [J]. Production and Operations Management,23(4):599 - 609.

GEIGER S W, MAKRI M, 2006. Exploration and exploitation innovation process: The role of organizational slack in R&D intensive firms [J]. Journal of High Technology Management Research,17(1):97 - 108.

GOLD A H, ARVIND M, ALBERT H, 2001. Knowledge management: An organizational capabilities perspective[J].Journal of Management Information

Systems, 18(1) :185 - 214.

GRANOVETTER M,1985. Economic action and social structure: The problem of embeddedness [J]. American Journal of Sociology,91(3):481 - 510.

GRANOVETTER M,1992. Problems of explanation in economic sociology,network and organization: structure,form and action [M]. Boston: HBS Press.

GRANOVETTER M,1973. The strength of weak ties [J]. American Journal of Sociology,78(6):291 - 313.

GRUPP A,FRANK B,2017. Innovations and new product development: Sustainability and innovation: The knowledge - dependent,differential effects of supplier orientation strategies on green innovation performance [J]. AMA Summer Educators' Conference Proceedings(28):61 - 79.

GULATI R,NOHRIA N,ZAHEER A,2000. Strategic networks [J]. Strategic Management Journal,21(3):203 - 215.

GULATI R, HIGGINS M C, 2003. Which ties matter when? The contingent effects of inter-organizational partnerships on IPO success [J]. Strategic Management Journal,24(2):127 - 144.

GUPTA A K,SMITH K G,SHALLEY C E,2006. The interplay between exploration and exploitation [J]. Academy of Management Journal,49(4):693 - 706.

HAANS R F J,PIETERS C,HE Z L,2016. Thinking about U: The orizing and testing U-and inverted U-shaped relationships in strategy research [J]. Strategic Management Journal(37):1177 - 1195.

HAAS M R, CRISCUOLO P, GEORGE G, 2015. Which problem to solve? Online knowledge sharing and attention allocation in organizations [J]. Academy of Management Journal,58(3):680 - 711.

HANSEN M T,PODOLNY J M,PFEFFER J,2001. So many ties,so little time: A task contingency perspective on corporate social capital [J]. Research in the Sociology of Organization,18(3):21 - 57.

HANSEN M T,1999. The search - transfer problem: The role of weak ties in sharing knowledge across organization subunits [J]. Administrative Science Quarterly,44(1):82 - 111.

HENDERSON R M,1992. Technological change and the management of architectural knowledge [M]. New York:Oxford University Press.

HENISZ W J,DELIOS A,2001. Uncertainty,imitation and plant location: Japanese multinational corporations,1990—1996 [J]. Administrative Science Quarterly,46(3):443-475.

HEROLD D M,JAYARAMAN N,NARAYANASWAMY C R,2006. What is the relationship between organizational slack and innovation [J].Journal of Managerial Issues,18(3):372-392.

HESS D,WARREN D E,2008. The meaning and meaningfulness of corporate social initiatives [J]. Business & Society Review,113(2):163-197.

HOFER C,CANTOR D E,DAI J,2012. The competitive determinants of a firm's environmental management activities: Evidence from US manufacturing industries [J]. Journal of Operations Management,30(1-2):69-84.

HORBACH J,RAMMER C,RENNINGS K,2012. Determinants of eco-innovations by type of environmental impact-the role of regulatory push/pull,technology push and market pull [J]. Ecological Economics(78):112-122.

INGRAM P,TORFASON M T,2010. Organizing the in-between: The population dynamics of network-weaving organizations in the global interstate network [J]. Administrative Science Quarterly,55(4):577-605.

JANSEN J P,VAN D B F,VOLBERDA H W,2006. Exploratory innovation,exploitative innovation, and performance: Effects of organizational antecedents and environmental moderators [J]. Management Science,52(11): 1661-1674.

JAYARAM J,PATHAK S,2013. A holistic view of knowledge integration in collaborative supply chains [J]. International Journal of Production Research,51(7):1958-1972.

JOHANNESSEN J A,OLSEN B,OLAISEN,1999. Aspects of innovation theory based on knowledge-management [J]. International Journal of Information Management,19(2):121-139.

KAM S, WONG S, 2013. Environmental requirements, knowledge sharing and green innovation; empirical evidence from the electronics industry in China [J]. Business Strategy and the Environment,22(5):321-338.

KARL E S,2007. 知识探戈、管理与测量知识资本的艺术[M]. 王鄂生,译.北京:海洋出版社.

KOGUT B, ZANDER U, 1993. Knowledge of the firm and the evolutionary theory of the multinational corporation [J]. Journal of International Business Studies(4):625-643.

KOKA B R,PRESCOTT J E,2002. Strategic alliances as social capital: A multidimensional view[J]. Strategic Management Journal,23(9) :795 - 816.

LAHIRI N,2010. Geographic distribution of R& D activity: How does it affect innovation quality? [J]. Academy of Management Journal,53(5):1194 - 1209.

LAZER D,FRIEDMAN A,2005. The hare and the tortoise: The network structure of exploration and exploitation[C]// National Conference on Digital Government Research.

LEE K H,2009. Why and how to adopt green management into business organizations? The case study of korean SMEs in manufacturing industry [J]. Management Decision,47(7):1101 - 1120.

LEHTONEN M,2014. The environmental - social interface of sustainable development: Capabilities, social capital, institutions [J]. Ecological Economics, 49 (2):199 - 214.

LEONARD B D,1992. Core capabilities and core rigidities: A paradox in managing new product development [J]. Strategic Management Journal, 13 (1): 111 - 125.

LEWIS B W, WALLS J L, DOWELL G W, 2014. Difference in degrees: CEO characteristics and firm environmental disclosure [J]. Strategic Management Journal,35(5): 712 - 722.

LI D M,WEI J C,MCKIERNAN P,2015. Government support and firm innovation performance [J]. Chinese Management Studies,9(1):38 - 55.

LI D Y,ZHENG M,CAO C C,et al,2017. The impact of legitimacy pressure and corporate profitability on green innovation: Evidence from China top 100 [J]. Journal of Cleaner Production(141):41 - 49.

LI F R,DING D Z,2013. The effect of institutional isomorphic pressure on the internationalization of firms in an emerging economy: Evidence from China [J]. Asia Pacific Business Review,19(4):506 - 525.

LI Y J,WANG Y,SALOMO S,2014. An inquiry on dimensions of external technology search and their influence on technological innovations: Evidence from Chinese firms [J]. R&D Management,44(1):53 - 74.

LI Y N,2014. Environmental innovation practices and performance: Moderating effect of resource commitment [J]. Journal of Cleaner Production, 66 (3): 450 - 458.

LIN C Y, HO Y H, 2011. Determinants of green practice adoption for logistics companies in China [J]. Journal of Business Ethics, 98(1): 67 - 83.

LIU H, 2010. The role of institutional pressures and organizational culture in the firm's intention to adopt internet enabled supply chain management systems [J]. Journal of Operations Management, 28(5): 372 - 384.

LIU Y, LUO Y, LIU T, 2009. Governing buyer - supplier relationships through transactional and relational mechanisms: Evidence from China [J]. Journal of Operations Management, 27(4): 294 - 309.

MACHER J T, BOERNER C, 2012. Technological development at the boundaries of the firm: A knowledge-based examination in drug development [J]. Strategic management journal, 33(9): 1016 - 1036.

MAIR J, MEYER J, LUTZ E, 2016. Navigating institutional plurality: Organizational governance in hybrid organizations [J]. Organization Studies, 36(6): 713 - 739.

MARCHI V D, 2012. Environmental innovation and R&D cooperation: Empirical evidence from spanish manufacturing firms [J]. Research Policy, 41(3): 613 - 623.

TORTORIELLO M, KRACKHARDT D, 2010. Activating cross-boundary knowledge: The role of simmelian ties in the generation of innovations [J]. Academy of Management Journal, 53(1): 167 - 181.

MCFADYEN M, CANNELLA A, 2004. Social capital and knowledge creation: Diminishing returns of the number and strength of exchange [J]. Academy of Management Journal, 47(5): 735 - 746.

MEYER J W, SCOTT W R, 1983. Organizational environments: Ritual and rationality [M]. Beverly Hills, CA: Sage.

MEYER J W, ROWAN B, 1977. Institutionalized organizations: Formal structure as myth and ceremony [J]. American Journal of Sociology, 83(2): 340 - 363.

MISHINA Y, POLLOCK T G, PORAC J F, 2004. Are more resources always better for growth? Resource stickiness in market and product expansion [J]. Strategic Management Journal, 25(12): 1179 - 1197.

MURPHY J, GOULDSON A, 2000. Environmental policy and industrial innovation: Integrating environment and economy through ecological modernization [J]. Geo Forum, 31(1): 33 - 44.

MUSCIO A, NARDONE G, STASI A, 2017. How does the search for knowledge drive firms' eco-innovation? Evidence from the wine industry [J]. Industry & Innovation,24(3):298 - 320.

NAMIBIANS S,2013. Industry technical committees,technological distance,and innovation performance [J]. Research Policy,42(4):928 - 940.

NERKAR A,2003. Old is gold? The value of temporal exploration in the creation of new knowledge [J]. Management Science,49(2):211 - 229.

NEUENDORF K A, 2002. The content analysis guidebook [M]. Thousand Oaks,CA: Sage.

NICKERSON J A,ZENGER T R,2004. A knowledge - based theory of the firm: The problem-solving perspective [J]. Organization Science,15(6):617 - 632.

NOHRIA N, GULATI R, 1996. Is slack good or bad for innovation? [J]. Academy of Management Journal,39(5):1245 - 1264.

NONAKA I, TOYAMA R, KORMO N, 2001. SECI, Ba and leadership, unified model of Dynamic knowledge creation [J]. Long Range Planning,33(1):5 - 34.

OCASIO W, 2011. Attention to attention [J]. Organization Science, 22 (5): 1286 - 1296.

OCASIO W,1997. Towards an attention based view of the firm [J]. Strategic Management Journal(18):187 - 206.

OLIVER C, 1991. Strategic responses to institutional processes [J]. The Academy of Management Review,16(1):145 - 179.

OZMAN M,2010. The knowledge base of products: Implications for organizational structures [J]. Organization Studies,31(8):1129 - 1154.

PENG M,LI Y,XIE E,2010. Ceo duality,organizational slack and firm performance in China [J]. Asia Pacific Journal of Management,27(4):611 - 624.

PENG M, HEATH P, 1996. The growth of the firm in planned economies in transition: Institutions, organizations, and strategic choices [J]. Academy of Management Review,21(2): 492 - 528.

PODOLNY J M,PAGE K L,1998. Network forms of organization [J]. Annual Review of Sociology,24(1):57 - 76.

PODSAKOFF P,MACKENZIE S B,LEE J Y,2003. Common method variance in behavioral research: A critical review of the literature and recommended remedies [J]. Journal of Applied Psychology,88(5):879 - 903.

PORTER M E,LINDER V D C,1995. Green and competitive:Ending the stalemate [J]. Harvard Business Review,73(5):119 - 134.

PORTER M E,KRAMER M R,2006. Strategy and society: The link between competitive advantage and corporate social responsibility [J]. Harvard Business Review,84(12):78 - 92.

QI G Y,ZENG S X,LI X D,2011. Role of internalization process in defining the relationship between ISO14001 certification and corporate environmental performance [J]. Corporate Social Responsibility and Environmental Management,19(3):129 - 140.

QUINTANA - GARCIA C,BENAVIDES - VELASCO C A,2008. Innovative competence,exploration and exploitation: The influence of technological diversification [J]. Research Policy,37(3):492 - 507.

REAGANS R, MCEVILY B, 2003. Network structure and knowledge science transfer: The effects of cohesion and range [J]. Administrative Science Quarterly,48(2):240 - 267.

RENNINGS K, RAMMER C, 2011. The impact of regulation-driven environmental innovation on innovation success and firm performance [J]. Industry and Innovation,18(3):255 - 283.

ROSENKOPF L,NERKAR A,2001. Beyond local search: Boundary-spanning, exploration,and impact in the optical disc industry [J]. Strategic Management Journal,22(4):287 - 306.

RUBASHKINA Y,GALEOTTI M,VERDOLINI E,2015. Environmental regulation and competitiveness: Empirical evidence on the porter hypothesis from European manufacturing sectors [J]. Energy Policy,83(35):288 - 300.

SCHIEDERIG T, TIETZE F, 2012. Green innovation in technology and innovation management: An exploratory literature review [J]. R& D Management,42(2): 180 - 192.

SCHULZ M,2001. The uncertain relevance of newness,Organizational learning and knowledge flows [J]. Academy of Management Journal,44(4):661 - 681.

SCHULZE A,BROJERDI G J C,2012. The effect of the distance between partners' knowledge components on collaborative innovation [J]. European Management Review,9(2):85 - 98.

SCOTT R,COLWELL S R,JOSHI A W,2013. Corporate ecological responsiveness: Antecedent effects on institutional pressure and top management commitment and their impact on organizational performance [J]. Business Strategy and the Environment,22(2):73 - 91.

SCOTT W R, 1995. Institutions and organizations [M]. Thousand Oaks, CA: Sage.

SIGGELKOW N, RIVKIN J W, 2005. Speed and search: Designing organizations for turbulence and complexity [J]. Organization Science, 16(2):101 - 122.

SILVERMAN D, 1971. The theory of organizations: A sociological framework [M]. New York: Basic Books.

SMITH E B, MENON T, THOMPSON L, 2012. Status differences in the cognitive activation of social networks [J]. Organization Science, 23(1): 67 - 82.

SNOWDEN D, 2003. Innovation as an objective of knowledge management. Landscape of management [J]. Knowledge Management Research& Practice, 1(2):113 - 119.

SORENSEN J B, START T E, 2000. Aging, obsolescence and organizational innovation [J]. Administrative Science Quarterly, 45(1):81 - 112.

SPAR D L, MURE L T, 2003. The power of activism: Assessing the impact of NGOs on global business [J]. California Management Review, 45(3):78 - 101.

STEINER G A, STEINER J F, 1997. Business, government and society [M]. New York: McGraw - Hill.

STRAMBACH S, 2017. Combining knowledge bases in transnational sustainability innovation: Micro dynamics and institutional change [J]. Economic Geography, 93(5):500 - 526.

SUBBA M, POLLY D E, 2010. Technological knowledge breadth and depth: Performance impacts [J]. Journal of Knowledge Management, 14(3):359 - 377.

SUCHMAN M C, 1995. Managing legitimacy: Strategic and institutional approaches [J]. The Academy of Management Review, 20(3):571 - 610.

SUDI A, ERHAN A, 2015. Global competitiveness in the EU through green innovation technologies and knowledge production [J]. Procedia-Social and Behavioral Sciences(4):207 - 217.

SYDANMAANLAKKA P, 2002. An intelligent organization: Integrating performance, competence and knowledge management [M]. North Mankato: Capstone Ltd.

TAN J, PENG M W, 2003. Organizational slack and firm performance during eonomic transitions: Two studies from an emerging economy [J]. Strategic Management Journal,24(13): 1249 - 1263.

TAN J, 2009. Multinational corporations and social responsibility in emerging markets: Opportunities and challenges for research and practice[J]. Journal of Business Ethics, 86(2):151 - 153.

TATARYNOWICZ A, SYTCH M, GULATI R, 2016. Environmental demands and the emergence of social structure: Technological dynamism and inter - organizational network forms [J]. Administrative Science Quarterly, 61 (1): 52 - 86.

TEECE D J, 2000. Strategies for managing knowledge assets, the role of firm structure and industrial context [J]. Long Range Planning,33(1):35 - 54.

TENG M J, WU S Y, CHOU S J H, 2014. Environmental commitmentand economic performance short-term pain for long-term gain [J]. Environmental Policy and Governance,24(1):16 - 27.

TERLAAK A,2007. Order withoutlaw? The role of certified management standards in shaping aocially desired firm behaviors [J]. Academy of Management Review,32(3):968 - 985.

THOMAS H, DAVENPOR T, LAWRENCE P, 2000. Working knowledge: How organizations manage what they know [M]. Boston: Harvard Business Press.

TORTORIELLO M, MCEVILY B, KRACKHARDT D, 2015. Being a catalyst of innovation: The role of knowledge diversity and network closure [J]. Organization Science,26(2):423 - 438.

TORTORIELLO M,2015. The social underpinnings of absorptive capacity: The moderating effects of structural holes on innovation generation based on external knowledge [J]. Strategic Management Journal,36(4):586 - 597.

TSANG E,1998. Can Guanxi be a source of sustained competitive advantage for doing business in China [J]. Academy of Management Executive, 12 (2): 64 - 73.

TURNER S F, BETTIS R A, BURTON R M, 2002. Exploring depth versus breadth in knowledge management strategies [J]. Computational and Mathematical Organization Theory,8(1):49 - 73.

VOSS G B, SIRDESHMUKH D, VOSS Z G, 2008. The effects of slack resources and environmental threat on product exploration and exploitation [J]. Academy of Management Journal,51(1):147 - 164.

WAL A L J T, ALEXY O, BLOCK J, 2016. The best of both worlds: The benefits of open-specialized and closed-diverse syndication networks for new ventures' success [J]. Administrative Science Quarterly,61(3):393 - 432.

WANG L, JUSLIN H, 2009. The impact of chinese culture on corporate social responsibility: The harmony approach [J]. Journal of Business Ethics,88(3): 433 - 451.

WONG C S, LAW K S, HUANG G H, 2008. On the importance of conducting construct-Level analysis for multidimensional constructs in theory development and testing [J].Journal of Management,34(4):744 - 764.

WU J, WANG Y, LI S, 2014. Search depth, knowledge characteristics, and innovation performance [J]. Journal of Chinese management,1(1):1 - 15.

XIAO Z, TSUI A S, 2007. When brokers may not work: The cultural contingency of social capital in Chinese high-tech firms [J]. Administrative Science Quarterly,52(1):1 - 31.

XU S, 2015. Balancing the two knowledge dimensions in innovation efforts: An empirical examination among pharmaceutical firms [J]. Journal of Product Innovation Management,32(4):610 - 621.

YAN A, GRAY B, 1994. Bargaining power, management control and performance in United States-China joint ventures: A comparative case study [J]. Academy of Management Journal,37(6):1478 - 1517.

YANG J, ZHANG F, JIANG X, 2015. Strategic flexibility, green management, and firm competitiveness in an emerging economy [J].Academy of Management Annual Meeting Proceedings,101(1):347 - 356.

YAYAVARAM S, AHUJA G, 2008. Decomposability in knowledge structures and its impact on the usefulness of inventions and knowledge - base malleability [J]. Administrative Science Quarterly,53(2):333 - 362.

ZHANG Y, WANG J R, XUE Y J, et al, 2018. Impact of environmental regulations on green technological innovative behavior: An empirical study in China [J]. Journal of Cleaner Production(04):123 - 134.

ZENG S X, MENG X H, ZENG R C, 2011. How environmental management driving forces affect environmental and economic performance of SMEs: A study in the northern China district [J]. Journal of Cleaner Production,19(13):

1426 – 1437.

ZHOU J, SHIN S J, BRASS D J, et al, 2014. Social networks, personal values, and creativity: Evidence for curvilinear and interaction effects [J]. Journal of Applied Psychology, 94(6): 1544 – 1552.

ZHOU Q, GENG Y, 2013. Drivers and barriers of extended supply chain practices for energy saving and emission reduction among Chinese manufacturers [J]. Journal of Cleaner Production, 40(2): 8 – 12.

ZHU Q H, SARKIS J, 2004. Relationships between operational practices and performance among early adopters of green supply chain management practices in Chinese manufacturing enterprises [J]. Journal of Operations Management, 22(3): 265 – 289.

ZUCKER L G, 1987. Institutional theories of organization [J]. Annual Review of Sociology, 13(19): 443 – 464.